高等职业教育“十四五”规划教材
中国特色高水平高职专业建设计划成
现代农业装备应用技术专业群系列教

智慧运输运营实务

李　鹏　主编

中国农业大学出版社
·北京·

内 容 简 介

本书是基于运输数字化管理系统与运输模拟决策平台的高等职业教育理实一体化活页式教材，专为高等职业院校现代物流管理专业及其紧密相关专业设计，内容体系严密，专业性强，全面覆盖了从运输基础认知到运输数字化运营等核心项目，如运输业务受理、运输计划与智能调度、货运中心取派作业的精细化管理、货运现场的高效组织与安全管理、运输承运商的评估与管理、运输成本的精准控制等。通过对本书的学习，学生能够深刻把握运输管理的内在逻辑与外部环境，熟练掌握先进的运输管理理念与技术手段，具备独立解决复杂运输问题的能力，进而成长为能够引领行业变革与发展的智慧运输管理人才。

图书在版编目(CIP)数据

智慧运输运营实务/李鹏主编. --北京：中国农业大学出版社，2025. 1.

ISBN 978-7-5655-3342-6

Ⅰ. F252-39

中国国家版本馆 CIP 数据核字第 20258JM268 号

书　　名　智慧运输运营实务

作　　者　李　鹏　主编

策划编辑　郭建鑫　张秀环　　**责任编辑**　郭建鑫

封面设计　李尘工作室

出版发行　中国农业大学出版社

社　　址　北京市海淀区圆明园西路 2 号　　**邮政编码**　100193

电　　话　发行部 010-62733489，1190　　读者服务部 010-62732336

编辑部 010-62732617，2618　　出　版　部 010-62733440

网　　址　http://www.caupress.cn　　**E-mail** cbsszs@cau.edu.cn

经　　销　新华书店

印　　刷　运河（唐山）印务有限公司

版　　次　2025 年 1 月第 1 版　　2025 年 1 月第 1 次印刷

规　　格　185 mm×260 mm　　16 开本　　12.5 印张　　310 千字

定　　价　39.00 元

编审人员

主　编	李　鹏	黑龙江农业工程职业学院
副主编	梁艳波	黑龙江农业工程职业学院
	依铁柱	黑龙江农业工程职业学院
	朱　娜	黑龙江农业工程职业学院
参　编	王宏志	黑龙江农业工程职业学院
	方　堃	黑龙江农业工程职业学院
主　审	侯彦明	黑龙江农业工程职业学院

前　言

在新时代的浪潮中，随着信息技术的飞速发展和全球经济一体化的深入推进，我国正以前所未有的决心和力度推进加快建设交通强国的伟大征程。党的二十大报告强调加快建设交通强国，这一宏伟蓝图为交通运输行业指明了发展方向，也对教育工作者提出了新的要求和挑战。在此背景下，我们深感责任重大，经过精心筹备与不懈努力，终于完成了《智慧运输运营实务》的编写工作。

本书的建设致力于培养一批能够引领未来运输行业智能化、数字化变革的高素质专业人才。我们深知，智慧运输不仅是技术的革新，更是管理理念的飞跃，它要求从业者具备深厚的专业知识、敏锐的市场洞察力和卓越的创新能力。因此，本书在内容设计上力求全面覆盖运输管理的各个环节，从基础认知到高级应用，从理论讲解到实践操作，让学生在学习过程中能够深刻理解运输管理的内在逻辑与外在环境，掌握先进的运输管理理念与技术手段。

在编写过程中，我们遵循“产教融合，协同育人”的原则，与北京络捷斯特科技发展股份有限公司等业界领先企业紧密合作，共同打造了这本集专业性、实用性、前瞻性于一体的教材。书中不仅融入了最新的行业标准和规范，还通过虚拟化教学载体、项目化教学内容、理实一体化教学模式等手段，为学生提供了丰富的学习资源和实战演练机会，旨在培养他们的创新思维、实践能力和职业素养。

本书共分八个项目，由经验丰富的教师团队编写。李鹏负责项目一运输基础认知和项目三运输计划与调度，系统阐述运输基础理论及计划调度相关内容，包括运输的概念、地位等基础知识，以及运输调度作业准备、车辆配载、线路规划等，为运输计划与调度提供全面指导；梁艳波负责项目二运输业务受理，聚焦运输业务受理的形式、条件、审核要求及运费计算方法，确保业务受理的准确高效；依铁柱负责项目四货运中心取派管理和项目五货运中心现场管理，详细剖析货运中心取派货物流程和现场管理环节，包括入站集货、货物发运、货物到达等；朱娜负责项目七运输成本控制和项目八运输运营数字化实训，深入研究运输成本控制的理论与策略，以及运输数字化运营的各个方面，为运输企业的数字化转型提供解决方案；王宏志和方堃共同负责项目六运输承运商管理，探讨运输承运商的选择标准、影响因素、步骤方法以及管控内容和物流绩效评价，为企业与承运商的合作提供管理思路。

衷心感谢北京络捷斯特科技发展股份有限公司等合作单位的大力支持与协助。编写过程中，北京络捷斯特科技发展股份有限公司凭借其技术优势，提供了关键的技术支持，为本书的顺利完成奠定了坚实基础。同时，我们感谢所有参与编写、审校及出版工作的同仁，正是大家的共同努力与辛勤付出，方使本教材能与读者见面。

由于编者时间和水平有限，书中难免存在不足之处。我们真诚地希望广大读者在使用过程中能够提出宝贵的意见和建议，以便我们不断完善和提升教材的质量。

最后，我们衷心希望这本《智慧运输运营实务》能够成为广大师生和从业人员学习智慧运输运营的良师益友，为推动我国运输行业的智能化、数字化发展贡献一份力量。让我们携手共进，为建设交通强国的伟大目标而努力奋斗。

编　者

2024年8月

目　　录

项目一　运输基础认知

任务1　认识物流运输

学习导入

王海是现代物流管理专业的一名大一新生，他的父亲是知名运输企业的调度员，他从小就以父亲为榜样，希望长大以后也能成为一名调度员。他知道运输、仓储、信息构成了现代物流的三大支柱。在开展具体的学习之前，他需要知道什么是运输，运输管理到底管什么、怎样管。

项目一　任务1

参考答案*

任务分析

本任务主要介绍运输相关的基础知识。理解什么是运输，明确运输是我们生产、生活中经常发生的事情。熟记运输的功能、原则和特点，能分析运输的内涵和重要地位。

学习目标

1. 掌握运输的概念、地位；
2. 掌握运输的功能、原则和特点；
3. 能分析运输的内涵和运输管理的内容。

任务操作

一、运输是什么

运输是指人或者物借助运力创造时间和空间效应的活动。

想一想

上述定义中的“活动”是指什么？
答：

国家标准《物流术语》(GB/T 18354—2021)将运输定义为：利用载运工具、设施设备及人

* 注：读者可扫描各任务中的二维码，获取书中“想一想”“任务单”“任务测评”的参考答案，建议先自主思考答题，再结合答案检验学习效果。

力等运力资源，使货物在较大空间上产生位置移动的活动。

日常生活中，一般意义上的运输是指人和物的载运及输送，即包括客运与货运。但物流学中，运输的研究对象不包括“人”，而是专指“物”，因此，物流学中的运输专指生产或流通领域当中物品的载运及输送。它是在不同地域范围内（如两个城市、两个工厂之间，或一个大企业内相距较远的两车间之间），以改变“物”的空间位置为目的的活动，即对“物”进行空间位移。

在商业社会中，因为市场的广阔性，商品的生产和消费不可能在同一个地方进行，一般来说商品都是集中生产、分散消费的。为了实现商品的价值和使用价值，使商品的交易过程能够顺利完成，需要经过运输这一道环节，把商品从生产地运到消费地，以满足社会消费的需要和进行商品的再生产。如果将原材料供应商、工厂、仓库以及客户看作物流系统中的固定节点，那么，商品的运输过程正是连接这些节点的纽带。因此，可以将运输比喻为物流系统的“动脉”。有必要指出的是，在现代物流概念出现之前，甚至在物流业已经颇具发展规模的今天，不少人仍简单地将物流等同于运输，这也许是因为他们看到的物流活动中相当一部分任务都是运输承担的。

任务单 1-1-1　进一步深入理解运输的含义

任务描述：根据国家标准《物流术语》对运输的定义，试分析运输是什么？	
术语	
对象	
产品	
条件	
目的	
意义	
学号：	姓名：　　时间：　　年　　月　　日

任务单 1-1-2　理解运输在国民经济中的地位

<table>
<tr><td colspan="2">任务描述：阅读材料，了解国家切实保障和改善民生的重大举措。</td></tr>
<tr><td>三大举措力保民生物资运输通畅，保障群众正常生产生活秩序</td><td>央视网消息：交通运输部相关部门负责人在接受记者采访时表示，交通运输部将采取三大举措，全力保障蔬菜、粮食、药品等各类民生保供物资运输畅通，为群众正常生产生活秩序提供有力支撑。
交通运输部运输服务司货运与物流管理处副处长张强表示：一是防止过度管控问题反弹。持续坚持 24 小时值班值守，畅通各级交通物流保通保畅电话，加大督办转办力度，一事一协调，解决不通不畅问题，坚决防止问题反弹。二是强化重点物资重点保障。把蔬菜、粮食、药品、煤炭能源、重点产业链供应链物资纳入重点保障范围，指导各地交通运输主管部门密切与发展改革、工业和信息化、农业农村、商务等部门的沟通会商，加强对重点物资的产销运监测和供需对接。做好信息共享和运力储备，强化组织调度和跟踪服务，对重点物资运输车辆实行优先便捷通行，确保不因物流不畅影响重点物资生产供应。目前，蔬菜等各类重点物资运输总体高效顺畅。
交通运输部将督促相关省份对蔬菜运输受阻等问题线索进行调查核实，严肃督促整改。要求全面摸排辖区蔬菜运输不畅、积压滞销等情况，采取有针对性措施，切实保障蔬菜等民生保供物资运输畅通。</td></tr>
<tr><td>通过阅读材料，你有何感受？</td><td></td></tr>
<tr><td>运输在国民经济中有着怎样的地位？</td><td></td></tr>
<tr><td colspan="2">学号：　　　　　　　　姓名：　　　　　　　　时间：　　　年　　月　　日</td></tr>
</table>

二、运输在国民经济中的地位

在整个国民经济中，专门从事货物和旅客运营的运输业是一个独立的经济部门。运输在整个国民经济中的地位表现在以下几个方面：

1. 运输是生产过程在流通领域内的继续

交通运输是国民经济的基础，是社会再生产得以顺利进行的必要条件。马克思指出，交通运输是社会生产过程的一般条件。为了完成货物运输，就要投入人类的劳动，包括活劳动和物化劳动。例如，运输工具、运输用能源，以及道路、港口、码头、机场、输送管道的建设等，还有活劳动的消耗。这就是说，为了促使物质产品使用价值的最终实现，必须要有运输这种追加劳动，它表现为一种生产性的劳动，是生产过程在流通领域内的继续。

2. 运输是连接产销、沟通城乡的纽带

国民经济是由农业、工业、建筑业、交通运输业、商业等部门组成的，各部门之间既是相互独立的，又是相互联系、相互促进和相互制约的。交通运输业在整个国民经济中是一个极为重要的部门，是国民经济的大动脉，是社会发展的一个重要条件，起着连接生产、分配、交换、消费各环节和沟通城乡、各地区和各部门的纽带和桥梁作用。马克思指出，在产品从一个生产场所运到另一个生产场所以后，接着还有完成的产品从生产领域运到消费领域，产品只有完成这个运动，才是现成的消费品。这就是说，社会再生产过程的循环，是通过交通运输这条纽带使各环节构成一个统一的整体，才使整个社会经济活动得以正常地运动和顺利地进行。

3. 运输是加速社会再生产和促进社会再生产连续不断进行的前提条件

交通运输业的生产目的是保证最大限度地满足国民经济发展对运输的需要。因此，交通运输业作为一个独立的经济部门，在社会再生产过程中处于“先行”的战略地位。只有通过交通运输业的活动，社会经济活动才能顺利进行。

4. 运输是保证市场供应、满足生产建设、实现社会主义生产目的的基本条件

交通运输业作为国民经济的物质生产部门，是不同于工业、农业、建筑业等其他物质生产部门的，它不增加物质产品的使用价值，却增加物质产品的价值。但是，随着社会主义市场经济的发展，市场活动日趋频繁，物质产品使用价值的最终实现只有通过运输才能完成。所以，运输成为满足生产建设、实现社会主义生产目的的一个基本条件。

想一想

请用 4 个关键词总结运输的地位。
答：

三、运输的功能

1. 运输可以创造商品的空间效用和时间效用

在物流管理中，运输主要提供两大功能：物品移动和短时储存。如图 1-1-1 所示。运输通过改变商品的地点或者位置创造出的价值，称为商品的空间效用；运输使得商品以运输工具（车辆、船舶、飞机等）为临时储存设施，并在适当的时间到达消费者的手中，就产生了商品的时间效用。这两种效用的产生，才能够真正地满足消费者的需要。如果运输系统瘫痪，商品不能在指定的时间送到指定的地点，则消费者消费商品的需要就得不到满足，整个交易过程就不能得到实现。

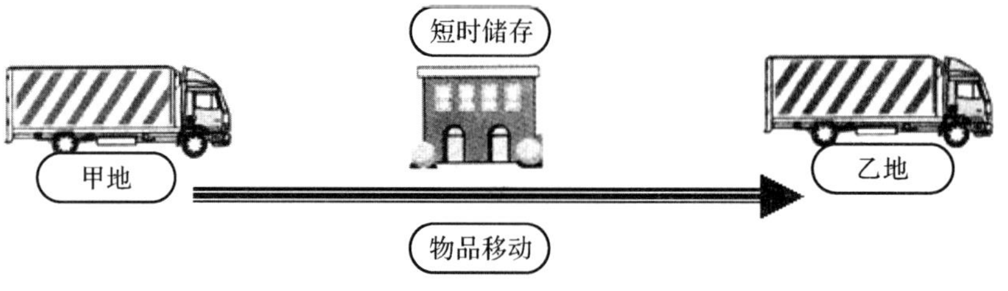

图 1-1-1　运输的主要功能示意图

任务单 1-1-3 回顾物流的空间和时间效用

任务描述：请根据以前所学知识，描述出物流的空间和时间效用有哪些？	
物流创造的空间效用有哪些形式？	
物流创造的时间效用有哪些形式？	
物流除了时间和空间效用还有哪些价值？	
学号：	姓名： 时间： 年 月 日

2.运输可以扩大商品的市场范围

在古老的市场交易过程中，商品只在本地进行销售，每个企业所面对的市场都是有限的。随着各种运输工具的发明，企业通过运输可以到很远的地方去进行销售，企业的市场范围可以大大扩展，企业的发展机会也大大增加。随着各种先进的交易形式的发展，企业的市场范围随着网络的出现而产生了无限扩大的可能，任何有可能加入因特网的地方，都有可能成为企业的市场。为了真正地将这种可能变成现实，必须使企业的商品能够顺利地送达这个市场，这就必须借助于运输过程。因此，运输可以帮助企业扩大它的市场范围，并给企业带来无限发展的机会。

3.运输可以保证商品价格的稳定性

各个地区因为地理条件的不同，拥有的资源也各不相同。如果没有一个顺畅的运输体系，其他地区的商品就不能到达本地市场，那么，本地市场所需要的商品也就只能由本地来供应。正是这种资源的地域不平衡性，造成了商品供给的不平衡性。因此，商品的价格可能会出现很大的波动。但是，如果拥有一个顺畅的运输体系，那么，当本地市场商品的供给不足时，外地的商品就能够通过这个运输体系进入本地市场，本地的过剩产品也能够通过这个体系运送到其他市场，从而保持供求的动态平衡和价格的稳定。

4.运输能够促进社会分工的发展

随着社会的发展，为了实现真正意义的社会的高效率，必须推动社会分工的发展，而对于商品的生产和销售来说，也有必要进行分工，以达到最高的效率。但是，当商品的生产和销售两大功能分开之后，如果没有一个高效的运输体系，那么，这两大功能都不能够实现。运输是商品生产和商品销售之间不可缺少的联系纽带，有了它，才能真正地实现生产和销售的分离，促进社会分工的发展。

四、运输的原则

商业部门的商品运输工作，要遵循“及时、准确、安全、经济”的原则，做到加速商品流通，降低商品流通费用，提高货运质量，多快好省地完成商品运输任务。

1.及时

按照客户需要的时间把商品运往消费地，不失时机地满足市场和消费者的需要。缩短流通时间的手段是改善交通，实现运输现代化。但对于商业部门来说，关键在于车和货物的衔接工作，及时发运商品。同时做好商业部门之间的委托中转工作，及时把商品转运出去。

2. 准确

要防止商品发生差错事故，保证在整个运输过程中，把商品准确无误地送到消费者手中。商业经营的特点是商品品种繁多，规格不一。一件商品从工厂交货到到达消费者手中，中间要经过不少环节，稍有疏忽，就容易发生差错。发运商品不仅要件数准确，规格也不能出错。因此，准确无误地发运和接运商品，降低差错事故率，是商业运输工作需要认真注意的一个方面。

3. 安全

在运输过程中要确保商品的使用价值。商品的使用价值能满足消费者的需要，如果商品因运输或装卸不当而失去使用价值，那就会成为无用之物。商品在运输中的安全，一是要注意运输、装卸过程中的震动和冲击等外力的作用，防止商品的破损；二是要防止商品由物理、化学或生物学变化等自然原因所引起的减量和变质。尤其对石油等化学危险品，鲜活、易腐商品，易碎流质等商品，加强安全运输十分重要。

4. 经济

以最经济合理的方法调运商品，降低运输成本。降低运输成本的主要方法是节约运输费用。节约费用的主要途径则是开展合理运输，即选择最经济合理的运输线路和运输方式，尽可能减少运输环节，缩短运输里程，力求花最少的费用，把商品运到消费地。此外，还应提高商业部门对运输设备和运输工具的利用率，加强对运输设备和运输工具的保养，提高劳动生产率，从而取得更大的经济效益。

任务单 1-1-4　进一步理解物流运输“八字诀”原则

任务描述：物流运输“八字诀”原则是“及时、准确、安全、经济”，对每一项原则分别进行解释，限 20 字/项。	
及时	
准确	
安全	
经济	
学号：　　姓名：　　时间：　年　月　日	

五、运输的特点

1. 运输具有生产的本质属性

运输是借助运输者的劳动和运输工具设备与燃料消耗的结合来实现的，是在不改变劳动对象原有属性或形态的要求下，实现劳动对象的空间位移。

2. 运输服务的公共性

保证为社会物资在生产和流通过程中提供运输服务。保证为人们在生产和生活过程中的出行需要提供运输服务。

3. 运输产品是无形产品

运输生产是为社会提供效用而不生产实物形态的产品，属于服务性生产。其产品可称为无形产品，具体表现为货物或人在空间位置上的变化，而其本身没有产生实质性变化。

4. 运输生产和运输消费同时进行

运输产品的生产过程与消费过程是不可分割的，在时间和空间上是结合在一起的。如果运输需求不足，运输供给就应相应减少，否则就会造成浪费。

5. 运输产品具有非储存性

运输产品不可能被储存用来满足其他时间和空间发生的运输需求。运输业没有产品过剩问题，只存在运输能力不足或过剩的问题。因此运输产品既不能储存，也不能调拨，只能在运输能力上做一些储备。

6. 运输产品的同一性

各种运输方式生产的是同一的产品，即运输对象的位移。因此各种运输方式之间可以相互补充、协调与替代，形成一个有效的综合运输体系。

六、运输管理

不同的层次与角度对于运输管理的认识是不同的。运输业态不同，其运输管理的内容具有很大差异。广义的运输管理包括一切与运输业务相关的管理活动，包括运输企业的管理、运输过程的管理以及运输系统优化等内容。狭义的运输管理是指对运输活动过程和职能的管理，包括运输流程管理、运输质量管理、运输成本管理、运输绩效管理、运输信息管理、运输安全管理等多方面的内容。

从运输管理对象来看，可以分为对人、财、物及运输过程的管理。对人的管理主要指运输过程中与人员打交道的部分，主要包括运输客户的开发与维护以及货车司机的管理；对财的管理主要指对资金的合理运用与分配，如对运输成本的管理与控制；对物的管理包括运输车辆管理（含燃料、备件等）、运输货物安全管理等方面；对运输过程的管理包括选择合理的运输方式，优化运输路线，一些物流运输企业通过 GPS 与互联网技术已经实现了对运输全过程的可视化管理。

任务单 1-1-5 货物运输管理的主要任务

任务描述：通过运输管理的概念及管理对象进一步理解货物运输管理的主要任务。	
货物的运输计划	
货物运输的组织和调度	

货物运输中的监督和控制	
与运输公司的协调和联系	
维护运输设备和设施	
学号： 姓名： 时间： 年 月 日	

任务测评

王海很热爱物流这一行业，他知道运输、仓储、信息构成了现代物流的三大支柱。可运输运什么？怎么运？他急切想知道什么是运输。你能帮帮他吗？

1.运输的对象是什么？
2.运力是指什么？
3.全社会中一定时期内可享用的运力是由哪个要素决定的？
4.我们都知道储存应该是仓库需要完成的功能，但为什么说运输工具可以承担短时储存功能呢？
5.王海通过自己的学习，对运输有了一定的认识，你觉得他对运输的理解对吗？
(1)先有运输生产，而后产生运输消费。(　　) (2)当运输产品供给过剩时，运输产品可以被储存以用来满足其他时间和空间发生的运输需求。(　　) (3)运输不能给产品创造新的价值。(　　) (4)运输不能改变劳动对象的性质和形状。(　　) (5)运输产品可加以储存、分拨。(　　)

任务 2　选择货运方式

学习导入

2024 年 4 月 8 日，海天物流有限公司* 接到业务单位华都贸易有限公司的要求，将 300 件电子产品从南昌市运送至 F 市，货物到达 F 市后暂存海天物流货运中心，该批电子产品市场价值 15 万元，货物的标准运输时间为 5 天，如超标准时间，经测算运输期间每件电子产品的机会成本是 20 元，正常装货与卸货费用均为 1 元/件，公路驳运运输费率为每公里 0.07 元/件。城市间水路运输距离为背景材料（表 1-2-1、表 1-2-2）中公路运输距离的 120%，铁路运输距离为背景材料中公路运输距离的 110%。海天物流有限公司目前有三种方案：

项目一　任务 2
参考答案

表 1-2-1　各节点间距离表　　km

F 市						
130	上海					
300	350	芜湖				
410	470	180	合肥			
790	710	520	430	南昌		
1 100	1 060	810	710	340	长沙	
1 500	1 430	1 270	1 200	780	680	广州

表 1-2-2　运力信息表

车牌	司机	载重量/t	发车时间	车辆类型	运行路线	单次运行上限距离
F66355	曹萌	8	9:00	厢式货车	F 市-南昌	无限制
F66356	刘林	10	9:00	厢式货车	F 市-长沙	无限制
F66357	陈东东	8	9:00	厢式货车	F 市-芜湖-合肥	无限制
F66358	王北方	10	9:00	厢式货车	F 市-芜湖-南昌	无限制
F66359	周迅	10	9:00	厢式货车	F 市-上海-广州	无限制

方案一：公路运输，公司拟派王北方进行本次运输，目前可以按照优惠费率每公里 0.05 元/件进行运输，考虑到装卸搬运环节，预计需要 6 天完成运输。

方案二：水陆联运，产品所在仓库到南昌市码头约 20 km，F 市码头至海天物流货运中心约 17 km。目前水路运费用为每百件每公里 0.6 元。考虑到装卸搬运环节，水陆联运预计需要 7 天完成运输。同时，历史数据统计表明此种运输方式约有 3% 灭失损坏，弥补损失难度较

* 注：书中举例仅为便于读者理解掌握相关知识，提及的人名、地名、企业名称以及运输事件等均为虚拟，与实际事件无关。

大，一般只能获得30%的补偿。

方案三：公铁联运，产品所在仓库到南昌市火车站约15 km，F市火车站至海天物流货运中心约26 km。目前铁路运费为每百件每公里0.8元。考虑到铁路运输特殊要求，铁路运输时间按零担运输用时核算，驳运时间预计1天。

请根据上述信息为海天物流有限公司选择最佳的运输方式。

任务分析

主要掌握影响运输方式选择的因素，能够根据具体任务背景选择适合的方法进行运输方案决策。

学习目标

1. 掌握影响运输方式选择的因素；
2. 掌握运输方案决策与优化技术。

任务操作

一、影响物流运输方式选择的因素

1. 商品性能特征

这是影响企业选择运输工具的重要因素。一般来讲，粮食、煤炭等大宗货物适宜选择水路运输；水果、蔬菜、鲜花等鲜活商品，电子产品、宝石以及节令性商品等宜选择航空运输；石油、天然气、碎煤浆等适宜选择管道运输。

2. 运输速度和路程

运输速度的快慢、运输路程的远近决定了货物运送时间的长短。而在途运输货物相当于企业的库存商品，会形成资金占用。一般来讲，批量大、价值低、距离长的商品适宜选择水路或铁路运输；而批量小、价值高、距离长的商品适宜选择航空运输；批量小、距离短的商品适宜选择公路运输。

3. 运输的可得性

不同运输方式的可得性有很大的差异，公路运输最可得，其次是铁路运输，水路运输与航空运输只有在港口城市与航空港所在地才可得。

4. 运输的一致性

运输的一致性指在若干次装运中履行某一特定的运次所需的时间与原定时间或与前几次运输所需时间的一致性。它是运输可靠性的反映。近年来，托运方已把一致性看作是高质量运输的最重要的特征。如果给定的一项运输服务第一次花费2天、第二次花费6天，这种意想不到的变化就会给生产企业带来严重的物流作业问题。厂商一般先要寻求实现运输的一致性，然后才是提高交付速度。如果运输缺乏一致性，就需要安全储备存货，以防预料不到的服务故障。运输一致性还会影响买卖双方承担的存货义务和有关风险。

5. 运输的可靠性

运输的可靠性涉及运输服务的质量属性。对质量来说，关键是要精确地衡量运输可得性和一致性，这样才有可能确定总的运输服务质量是否达到所期望的服务目标。运输企业如要持续不断地满足顾客的期望，最基本的是要承诺不断地改善运输质量。运输质量来之不易，它是经仔细计划，并得到培训、全面衡量和不断改善支持的产物。在顾客期望和顾客需求方面，基本的运输服务水平应该现实一点，必须意识到顾客是不同的，所提供的服务必须与之相匹配。对于没有能力始终如一地满足的不现实的过高的服务目标必须取缔，因为对不现实的全方位服务轻易地做出承诺会极大地损害企业的信誉。

6. 运输费用

企业开展商品运输工作，必然要支出一定的财力、物力和人力，各种运输工具的运用都要企业支出一定的费用。因此，企业进行运输决策时，要受其经济实力以及运输费用的制约。例如，企业经济实力弱，就不可能使用运费高的运输工具，如航空运输，也不能自设一套运输机构来进行商品运输工作。

7. 市场需求的缓急程度

在某些情况下，市场需求的缓急程度也决定着企业应当选择何种运输工具。如市场急需的商品须选择速度快的运输工具，如航空或汽车直达运输，以免贻误时机；反之，则可选择成本较低而速度较慢的运输工具。

想一想

在选择物流运输方式时，需要考虑哪些非商品因素？
答：

二、选择运输方式的方法

1. 定性的方法

(1)单一运输方式　即选择一种运输方式。

考虑的因素如下：

①运费：费用高低；

②运输时间：到货时间长短；

③频率：可以运送、配送的次数；

④运输能力：运量大小；

⑤货物的安全性：运输途中的破损及污染等；

⑥时间的准确性：到货时间准确性；

⑦适用性：是否适合大型货物运输。

任务单 1-2-1　单一运输方式选择

任务描述：假如你是物流公司的运输管理员，你要从客户利益出发，考虑不同运输方式的优缺点和适用范围，请为下列货物选择合适的运输方式。
1. 泰国香米 3 000 t，从深圳运到哈尔滨。
2. 珍珠 1 000 粒，从上海运到北京。
3. 从重庆运输 5 万 t 机器配件到上海。
4. 从黑龙江林区运输 10 万 m^3 木材到广州。
5. 0.4 t 新鲜荔枝（易腐烂），从深圳运到长春。
学号：　　　　姓名：　　　　时间：　　年　　月　　日

（2）复合运输的选择　用两种以上的运输方式联合起来提供运输服务。复合运输包括驮背运输和联合运输。

一种载货工具在某一段运程中，又承载在另一种交通工具上共同完成运输过程叫驮背运输。如载货汽车开上轮船渡过江河后，载货汽车又独立继续运输；小汽车装运在火车上，通过干线运输后又独自运输。由两种及以上的交通工具相互衔接、转运而共同完成的运输过程称为联合运输（联运）。复合运输是通过各种运输方式之间的协作，合理安排运输计划，综合利用各种运输工具，充分发挥运输效率的比较好的组织货物运输形式。如铁水联运、铁公联运、公水联运、铁公水联运、江河联运、江海联运，以及地区与地区之间的联运等。我国习惯上也称其为多式联运。

联运工作加快了运输，方便了货主，所以，现在不仅在一国之内，国际联运也有了迅速发展。特别是随着集装箱的出现，国内、国际联运业务展现了广阔的前景。

任务单 1-2-2　国际多式联运认知

任务描述：自主查阅资料，目前国际上采用的多式联运类型有哪些？请一一列举，并解释说明。
学号：　　　　姓名：　　　　时间：　　年　　月　　日

2. 定量的方法

运输方式的选择应满足运输的基本要求，即经济性、迅速性、安全性和便利性。定量的方法可以有多种，但由于运输问题影响因素复杂，很难用一种计算结果来决定一切。计算结果可以作为决策的重要参考依据。

(1)综合评价法　运输对象、运输距离和货主对运输时限要求不一样，对经济性、迅速性、安全性和便利性四方面的要求程度也不同，因此可采取综合评价的方法来确定其有利性。

设评价运输方式的重要度为：

①经济性(F_1)：主要表现为费用(运输费、装卸费、包装费、管理费等)的节省；在运输过程中，总费用支出越少，则经济性越好。其重要度，即权重系数为 γ_1。

②迅速性(F_2)：指货物从发货地到收货地所需要的时间，即货物在途时间，其时间越短，迅速性越好。其权重系数为 γ_2。

③安全性(F_3)：安全程度通常指货物的完整程度，以货物的破损率表示；破损率越小，安全性越好。其权重系数为 γ_3。

④便利性(F_4)：各种运输方式的便利性的定量计算比较困难，在一般情况下，可以近似地利用发货人所在地至装车(船、飞机)地之间的距离表示。其距离越近，便利性越好。其权重系数为 γ_4。

$$综合评价值\ F=F_1\gamma_1+F_2\gamma_2+F_3\gamma_3+F_4\gamma_4$$

(2)成本比较法　通过比较运输服务成本与服务水平导致的相关间接库存成本之间达到平衡的程度进行选择。也就是说，运输的速度和可靠性会影响托运人或买方的库存水平。如果选择速度慢、可靠性差的运输服务，运输过程中就会需要更多的库存，这样，就会抵消选择低水平运输服务降低的成本。

任务单 1-2-3　运用成本比较法进行运输方式选择

任务描述：有一批商品合计 23 t，从甲地运往乙地，有公路和水路两种运输方式可供选择。汽车运输按每辆标重 4 t 计。从公路走，甲乙两地相距 180 km。汽车运价不分整件、零件，运价均为 1.5 元/(t·km)，其他杂费(包装、装卸费)每吨 2 元(按汽车标重计算)。从水路走，甲乙两地相距 320 km，运价为 0.50 元/(t·km)，但乙地码头离仓库还有 10 km，仍需用汽车运输，其他杂费与公路运输相同。由于该商品中途要转运，需在码头停留一天，每天每吨堆存费 1.00 元，港务费 0.30 元。 公路运输震动较大，但只装卸一次，当天就能到达目的地，商品损耗折合每吨 2 元。水路运输应中转一次，比公路运输的损耗多，每吨损耗 10 元。究竟采用水路运输还是公路运输好？如何选择？		
学号：	姓名：	时间：　　年　　月　　日

任务测评

王海刚到 M 物流有限公司任实习调度员，现有一批物料需要运输，需根据客户要求选择适宜的运输方案。你能帮帮他吗？

2024 年 2 月 20 日，M 物流有限公司接到业务单位昌永贸易有限公司的要求，将一批小麦从武汉市运送至青岛市，小麦约 40 t，常规包装。起点：武汉市汉南区纱帽街道 100 号。讫点：青岛市市北区镇江北路 80 号。M 物流有限公司在经济效益优先的情况下综合考虑不同运输方式。此时，物流及运输费率（元/t）如下：

运输方式	武汉—安庆	安庆—南京	南京—青岛
公路	150	110	130
水路	50	40	60
铁路	70	—	50

运输费用是指运输过程中的一切费用。提货点至武汉码头的短驳费用为 14 元/t；提货点至武汉火车站短驳费用为 13 元/t；青岛火车站至收货点的短驳费用为 15 元/t，青岛码头站至收货点的短驳费用为 16 元/t，南京火车站至南京码头的短驳费用为 17 元/t，安庆车站至安庆码头的短驳费用为 17 元/t。

请按照现有条件为 M 物流有限公司选择最佳的运输方式。

1. 根据题目信息，初步定性分析选择运输方式，找出最不合适的运输方式。

序号	运输方式	阐述理由
1		

2. 根据题目信息，具体定量分析不同运输方式。

序号	运输方式	费用/元
1		
2		
3		
4		

3. 综合判断，应采用的运输方式为：________________。

任务 3　运输合理化

学习导入

情境 1：小王在沈阳五爱市场购买了 100 箱鞋子，准备运往哈尔滨销售，他雇了一辆 15 t 的载货汽车运输。

情境 2：张扬要从大连运送 200 t 土产杂品到烟台，他采用了铁路运输方式。

情境 3：沈阳老龙口酒厂紧缺 20 t 玉米原料，长春和锦州均有货源，货运调度员安排货车走京哈高速经四平到长春运货。

在运输成本不断上涨的情况下，不合理运输作业往往不容易被发现，相关操作人员也并没有予以及时总结，为了能更好地在货运市场上立足，减少不合理作业现象，需分析不合理运输产生的原因，应该采取什么措施去改进。请为以上三个实例制订物流运输优化方案。

项目一　任务3
参考答案

任务分析

理解运输合理化的含义及不合理运输的表现形式，判断运输方案是否合理，并能说明理由，最后制订合理的运输方案。

学习目标

1. 理解物流运输合理化的含义；
2. 了解运输合理化的影响因素；
3. 理解不合理运输的表现形式及其原因；
4. 掌握实现运输合理化的有效措施；
5. 能识别哪些操作属于合理运输，哪些属于不合理运输。

任务操作

一、运输合理化的概念

运输合理化是指从物流系统的总体目标（规模适中、结构合理、发展健康、效益显著）出发，按照货物流通规律，运用系统理论、系统工程原理和方法，合理利用各种运输方式，选择合理的运输线路和运输工具，以最短的路径、最少的环节、最快的速度和最少的劳动消耗，组织好货物的运输和配送。

二、物流运输合理化的意义

1. 促使货物走最合理的路线

在物流运输过程中，通过合理规划运输路线，可以避免货物迂回、倒流等不合理运输现象。例如，在城市配送中，利用智能物流系统规划最优配送路径，能够让货物直接从发货地送达目的地，减少不必要的路程和时间浪费。

2. 有利于减少运输环节

运输环节的减少能够提高运输效率，降低货物在运输过程中的损坏和丢失风险。比如，采用一站式运输服务，直接将货物从生产地运送到销售终端，避免多次装卸和中转，减少了中间环节的烦琐流程和可能出现的问题。

3. 可以充分发挥运输工具的效能，节约运力和劳动力

合理安排运输任务，使运输工具在载重量（简称“载重”）、容积等方面得到充分利用。以铁路运输为例，如果能根据货物的数量和重量合理调配车厢，就能避免车厢的闲置和运力浪费，同时减少了相关工作人员的不必要劳动。

4. 缩短运输时间，提高物流速度，加快物流进程

快速的运输能够满足市场对货物及时性的需求。比如在生鲜产品运输中，选择高效的冷

链运输方式和优化的运输路线，能够迅速将新鲜的食品送达消费者手中，保证产品的质量和价值。

5. 节约运输费用，降低物流成本

通过优化运输方式、路线和装载方案等，能够有效降低运输成本。例如，对于长途大宗货物运输，选择水路运输可以大幅度降低每吨货物的运输费用；合理规划车辆的满载率，避免空驶现象，也能显著节约运输成本。

三、物流运输合理化的影响因素

运输合理化的影响因素很多，从宏观（运输企业外部因素）上说，有政府的交通管制、运输网布局、运输结构和运输参与者的目标等，从微观（运输企业内部因素）处看，运输工具和运输路线的选择、运输活动的组织及收费等，都可以影响运输的合理性。但是，归纳起来，起决定性作用的主要有五方面的因素，称为合理运输“五要素”。

1. 运输距离

简称“运距”，运距长短是运输合理与否的一个最基本因素。在运输时，运输时间、运输货损、运费、车辆或船舶周转等因素都与运距有一定的比例关系。在产销地点确定的情况下，选择最短或最佳路线运输，就是基于运距的考虑。

2. 运输环节

运输离不开装卸、搬运和包装等相关工作，每增加一次运输或增加一个环节，不仅会增加起运的运费和总运费，而且必须增加装卸、包装等运输的附属活动，必然要多花时间和费用，还会增加发生货损货差的可能。所以，尽可能组织直达运输、减少运输环节，对合理运输有促进作用。

3. 运输工具

各种运输工具都有其使用的优势领域，根据货物的性质、外形特征和客户时间要求等，对运输工具进行优化选择，分别利用或综合运用火车、轮船、汽车和飞机等不同的运输工具，合理使用运力，按运输工具特点进行装卸运输作业，最大限度地发挥所用运输工具的作用，是运输合理化的重要一环。

4. 运输时间

运输是物流过程中需要花费较多时间的环节，尤其是远程运输，在全部物流时间中，运输时间占绝大部分，所以，运输时间的缩短对整个流通时间的缩短有决定性作用。此外，运输时间短，有利于运输工具的加速周转，充分发挥运力，有利于货主资金周转，有利于运输线路通过能力的提高，对运输合理化有很大贡献。

5. 运输费用

运费在全部物流费中占50%左右的比例，运费高低不仅直接关系运输企业的经济效益，决定整个物流系统的竞争能力，还影响货主企业的生产或销售成本。所以，降低运输费用，无论对货主企业，还是对物流经营企业，都是运输合理化追求的一个重要目标，也是判断各种合理化措施是否行之有效的最终依据。

任务单 1-3-1　商务部为内蒙古滞销土豆找出路

任务描述：为帮助内蒙古乌兰察布土豆打通销路，商务部启动滞销救助机制，组织物美、华润万家等16家大型连锁超市开展农超对接。乌兰察布土豆以直销的方式，最快3小时就能到达北京市场，解决了土豆滞销问题，使物流成本大幅降低，农户和消费者双双受益。乌兰察布市距北京320 km，所产土豆占北京土豆市场供应总量的三分之二。由于当地缺乏农产品经纪人，也没有合适的储藏条件，收获后10天左右必须将土豆卖出。往年，土豆进京要绕道山东寿光，与其他蔬菜“拼车”进京，路途约500 km。 北京协助内蒙古在京建设名优土特产销售窗口和农副产品直供市场，全面推进“农超对接”。去年，土豆在京销售价格每斤2～3元；今年，在新发地市场、华堂和物美超市等销售网点，内蒙古的土豆价格每斤0.8～1.5元。 思考：此前北京市场上买到的土豆，居然是先从内蒙古运到山东，然后再从山东发到北京，绕道800多 km。你认为影响土豆运输的主要原因是什么？		
学号：	姓名：	时间：　　年　　月　　日

四、不合理运输的表现形式

1. 与运输方向有关的不合理运输

(1)对流运输　对流运输是指同一种货物或彼此间可以相互代用而又不影响管理、技术及效益的货物，在同一条运输线路或平行运输线路上做相对方向运输的不合理运输方式。它主要有以下两类形式。

明显的对流运输：在同一运输线路上的对流，如图1-2-1所示。

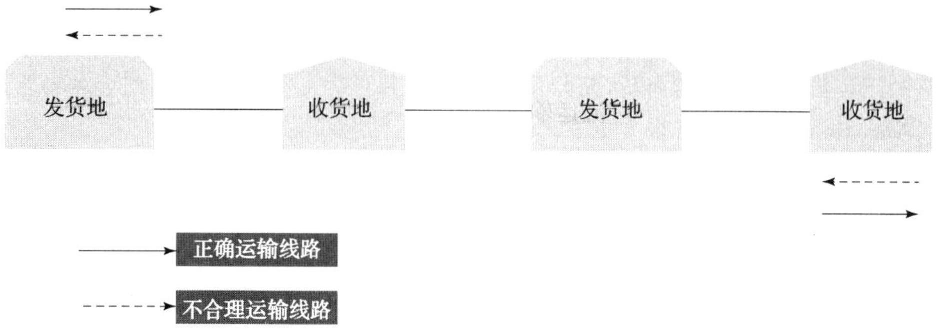

图 1-2-1　明显的对流运输示意图

隐含的对流运输：在判断对流运输时需注意的是，有的对流运输是不明显的。例如，不同时间的相向运输，从发生运输的那个时间看，并没有出现对流现象。

这种方式如图 1-2-2 所示。图中不合理的运输方式是甲发 50 t 货物至乙，丙发 50 t 货物至丁，总运输量是 3 000 t · km；如改为甲发 50 t 货物至丁，丙发 50 t 货物至乙，总运输量减少至 2 000 t · km，隐含的对流运输浪费了 1 000 t · km 运力。

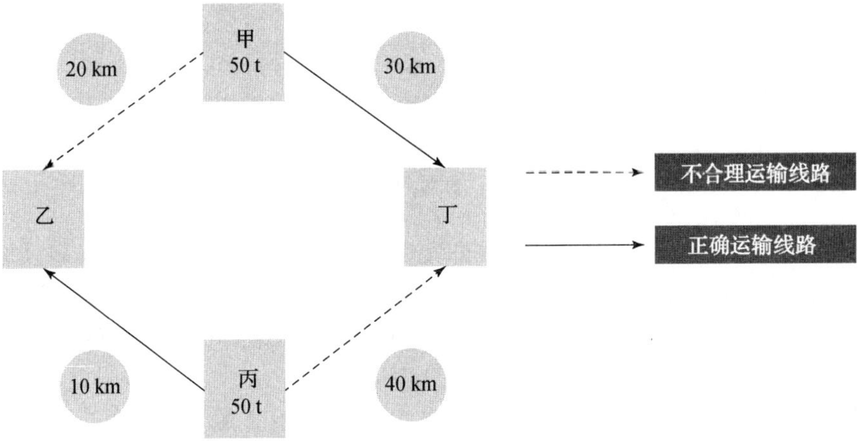

图 1-2-2　隐含对流运输示意图

(2)倒流运输　指货物从销地向产地或其他地点向产地倒流的不合理运输方式。倒流运输导致运力浪费、增加运费开支等。这种方式如图 1-2-3 所示。

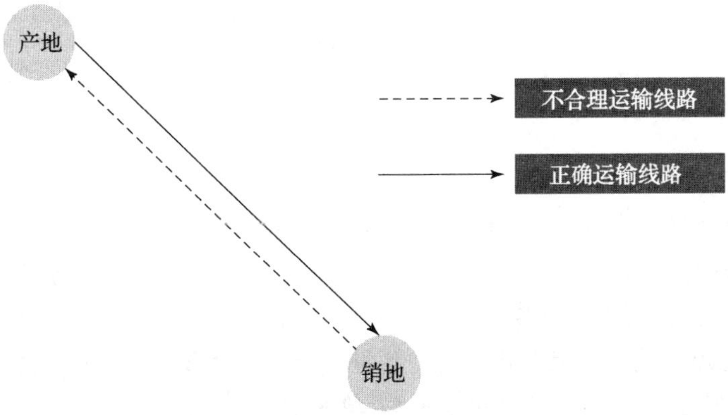

图 1-2-3　倒流运输示意图

倒流运输的不合理性更甚于对流运输，这是因为往返两地的运输都是不必要的，造成了双程的浪费。

2. 与运输距离有关的不合理运输

(1)迂回运输　指货物经多余的线路绕道运行的不合理运输方式。它往往表现为可以选取短距离运输而不采用，却选择路程较长的线路进行运输，由于加长了运输线路、延长了货物在途中的时间，造成了运力浪费，如图 1-2-4 所示。

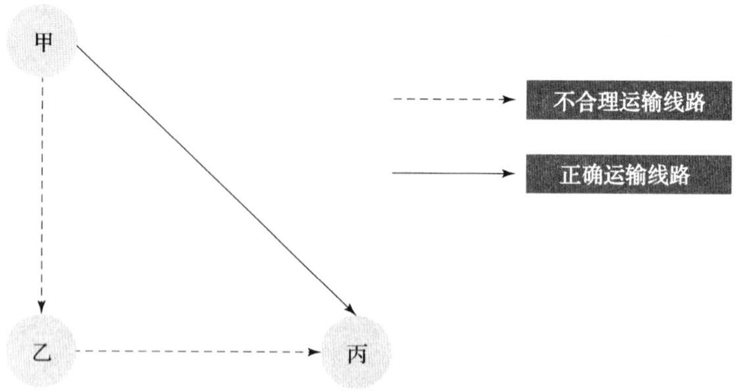

图 1-2-4　迂回运输示意图

图 1-2-4 中捷径线路是从甲到丙，迂回路线是从甲到乙再到丙，乙是中途多余的装卸点。当然，迂回运输有一定的复杂性，不能简单处置，只有当计划不周、地理不熟、组织不当时发生的迂回，才属于不合理运输；最短距离路线上有交通阻塞、道路情况不好或有对噪音、排气等特殊限制而不能通行时发生的迂回，不能称为不合理运输。

(2)过远运输　指舍近求远的不合理运输方式，即近处有资源却从远处运来，这就加长了货物运输距离，造成占用动力时间长，运输工具周转慢，物资占用资金时间长，所涉及地域的自然条件差异大，也易出现货损，增加费用支出。这种方式如图 1-2-5 所示。

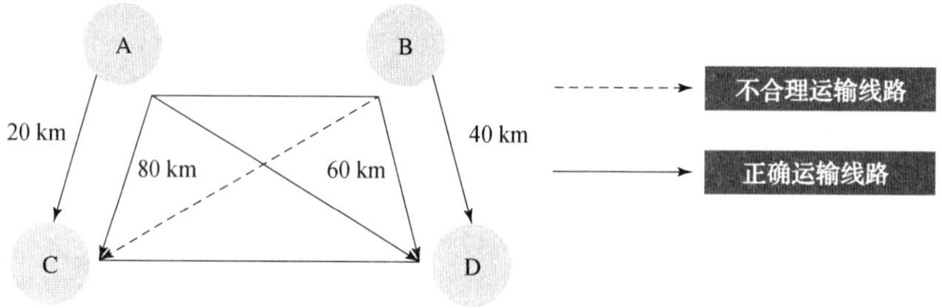

图 1-2-5　过远运输示意图

3.与货物运量有关的不合理运输

(1)返程或启程空驶　车辆空驶是最典型的不合理运输形式。造成空驶的主要原因是：

①利用自备车送货提货，往往是单程重车、单程空驶。

②由于工作失误或计划不周造成货源没有落实，车辆空去空回，导致双程空驶。

(2)重复运输　指一种货物本可直达目的地，但因物流仓库设置不合理或计划不周使其中途卸下，导致增加运输环节、浪费运输设备和装卸搬运能力、延长了运输时间的不合理运输方式。这种方式如图 1-2-6 所示。

(3)无效运输　无效运输是指被运输的货物杂质过多，如原木的边角余料、煤炭中的煤矸石等，使运输能力浪费于不必要的物资的运输。我国每年有大批原木进行远距离的调运，但是原木的直接使用率只有 70%，其 30%的边角余料的运输基本上属于无效运输。

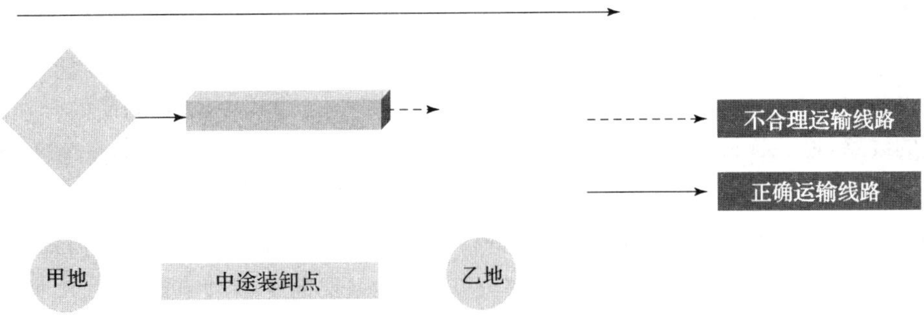

图 1-2-6　重复运输示意图

4. 与运力有关的不合理运输

(1)运力选择不当　未按各种运输工具优势进行选择而不正确地利用运输工具造成的不合理现象。常见的有以下几种情况：

①在同时可以利用水运及陆运时，弃水走陆。

②铁路、大型船舶的过近运输。

③运输工具承载能力选择不当，成本增加。

(2)托运方式选择不当　对于货主而言，在可以选择最好的托运方式而未选择，造成运力浪费及费用支出加大的一种不合理运输。

例如，应选择整车托运而未选择，反而采取零担托运；应当直达运输却选择了中转运输；应当中转运输却选择了直达运输等，都属于这一类型的不合理运输。

任务单 1-3-2　不合理运输表现形式分析

任务描述：广西南宁武鸣区养殖大户李爽悦要从武鸣区运 260 头生猪到深圳，他选择水路运输，走南宁—钦州港—深圳港。上述运输过程合理吗？为什么？
学号：　　　　姓名：　　　　时间：　　年　　月　　日

五、合理化运输的有效措施

1. 分区产销平衡合理运输

分区产销平衡合理运输就是在组织物流活动中，对某种货物，使其一定的生产区固定对应一定的消费区。根据产销分布情况和交通运输条件，在产销平衡的基础上，按照近产近销的原则，使货物运输路线最短，实现合理运输。

2. 直达、直线运输

直达运输，即在组织货物运输过程中，越过流通仓库或铁路、交通中转环节，把货物从产地或起运地直接运到销地或用户。直线运输是在组织货物运输过程中，按照物品的合理流向，选择最短的线路，避免迂回、倒流等不合理现象。

3. "四就"直拨运输

"四就"直拨运输，是指在流通过程组织货物调运时，对当地生产或外地到达的货物，不运进流通批发仓库，采用直拨的方法，把货物直接分拨给市内基层批发、零售点或用户，从而减少一道中间环节。"就厂直拨，就车站、码头直拨，就库直拨，就车船过载"简称为"四就"直拨运输。

4. 合装整车运输

合装整车运输，也称"零担拼整车中转分运"，主要用于杂货运输。合装整车运输是在组织铁路运输时，同一发货人的不同品种但发往同一到站、同一收货人的零担托运货物，由物流企业自己组配在一个车皮内，以整车运输的方式托运到目的地；或把同一方向不同到站的零担货物，集中组配在一个车皮内，运到一个适当车站，然后再中转分运。

5. 提高技术装载量

提高技术装载量是组织合理运输提高运输效率的重要内容。提高技术装载量不仅可以最大限度地利用车船载重量，而且可以充分利用车船装载容积。具体做法有以下几种：

（1）组织轻重配装　通过合理搭配轻重货物，使车辆或船舶在载重限制内达到最大装载量。例如，在一辆货车中，将较重的货物放置在底部，较轻的货物放置在上部，实现重量和空间的双重优化。比如运输钢材和棉花时，把钢材放在底层，棉花置于上方。

（2）实行解体运输　对于体积较大、不易整体运输的货物，进行解体运输。这样可以更有效地利用运输工具的空间。如大型机械设备，可将其拆解为若干部分分别运输，到达目的地后再进行组装。

（3）堆码技术的运用　运用科学的堆码方法，提高货物在运输工具中的堆放密度和稳定性。例如，在集装箱内，通过合理的堆码方式，可以增加货物的装载数量。比如采用交错式、蜂窝式等堆码方式来装载纸箱货物。

任务单 1-3-3　"四就"直拨运输的具体形式

任务描述：查阅资料，写出"四就"直拨运输的具体形式。

主要类型	含义	具体形式

学号：　　　　姓名：　　　　时间：　　年　　月　　日

任务测评

1. 有一条公路 A—D，全长 400 km，其中 B、D 为煤炭供应点，以□表示；A、C 为煤炭销售点，以△表示；各站点煤炭供求数量及站间距离如图所示。 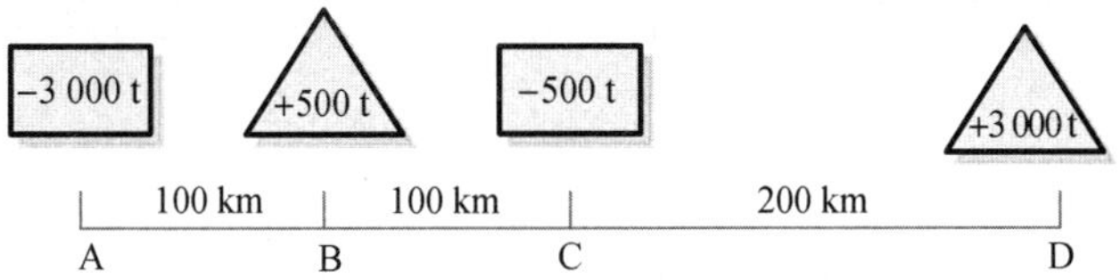 思考：你能设计几种调运方案？试判断哪一个更合理，指出不合理的方案属于哪种不合理运输表现形式。
2. 近年来，在国家政策推动和企业的积极参与下，我国多式联运呈现出良好的发展势头，对降本增效发挥了重要作用。但也应看到，由于传统的运输服务组织方式没有得到根本改变，各种运输服务方式与区域产业布局、产业链和供应链的关系不够紧密，跨区域运输与物流组织缺乏功能强大的枢纽网络支撑，我国干线运输组织化程度依然较低。基于此，我国必须加快网络化多式联运运输组织的培育，按照区域国土空间结构和区域产业分工合作关系，构建以国内大循环为主体、国内国际双循环相互促进的新发展格局，加快重塑我国运输服务组织新空间。 思考：结合材料谈谈如何实施运输合理化。

项目二　运输业务受理

任务 1　受理托运

学习导入

方达集团一直致力于打造最快捷、最可靠、最灵活的快运网络。方达集团是覆盖整车快运、零担快运、同城快运等多元化的物流快运服务供应商,同时与不同行业的知名企业达成长期战略合作关系,为其提供多元化的物流快运服务。方达集团凭借庞大的网络基础、灵活的调度管理系统,为客户提供便捷高效、及时可靠、多元优质的物流选择和服务。方达集团已发展成国内知名的物流快运服务供应商,服务网络遍及全国,在全国 500 多个大城市拥有 50 个货物中转枢纽、1 500 多个营业网点,3 000 余台运输车辆以及 15 000 余名员工。

项目二　任务 1
参考答案

方达集团上海物流中心基础信息如下:

1. 长途运输班线信息

方达集团上海物流中心运输部将自有的 6 辆货车用于发往外地的干线运输作业,干线班车的发运路线、车辆状态、发运时间和预计到达时间等信息见表 2-1-1。

表 2-1-1　长途运输班线信息表

班线	车牌号	经停站	进站时间	发车时间	预计到达时间
上海—重庆	沪 A30738	上海—郑州—重庆	8:00	9:30	上海—郑州 1 天 郑州—重庆 2 天
上海—济南	沪 A85796	上海—徐州—济南	22:00	23:30	上海—徐州 1 天 徐州—济南 2 天
上海—杭州	沪 AB0051	无	19:30	21:30	1 天
上海—广州	沪 A32809	上海—武汉—广州	17:00	19:00	上海—武汉 1 天 武汉—广州 2 天
上海—福州	沪 AH5089	无	14:30	15:30	2 天
上海—南京	沪 AX7721	无	10:30	13:30	1 天

2. 市内配送车辆信息

运输部将自有的 2 辆货车用于市内配送的取派作业,车辆信息见表 2-1-2。

表 2-1-2　配送车辆信息表

车牌号	最大载重量/kg
沪 AWKJ01	100
沪 AWKJ02	80

2024 年 2 月 15 日，方达集团上海物流中心收到客户委托运输货物的“运输通知单”，见表 2-1-3 至表 2-1-9。

表 2-1-3　运输通知单 1

客户指令号	YSTZD001			托运客户	上海晨光文具股份有限公司		
始发站	上海			目的站	广州		
托运人	王晶			取货地址	上海市奉贤区金钱公路 3469 号		
联系方式	131 **** 9643			取货时间	2024.3.1,8:00—12:00		
收货人	程建华-晨光文具(教育路店)			收货地址	广州市教育东路 12 号		
联系方式	159 **** 5760			收货时间	2024.3.4,15:00—17:00		
货品条码	货品名称	单位	包装规格/mm	总体积/m^3	总重量/kg	数量	备注
6925303721399	便签本	箱	285×380×270	1.46	36	50	

表 2-1-4　运输通知单 2

客户指令号	YSTZD002			托运客户	盒马鲜生旗舰店		
始发站	上海			目的站	上海		
托运人	赵璐			取货地址	上海市闵行区漕宝路 1574 号(虹莘路)星宝购物中心 B1		
联系方式	135 **** 6542			取货时间	2024.3.1,8:00—12:00		
收货人	李和星			收货地址	上海市黄浦区徐家汇路 618 号日月光徐家汇区 B1		
联系方式	152 **** 8239			收货时间	2024.3.2,15:00—17:00		
货品条码	货品名称	单位	包装规格/mm	总体积/m^3	总重量/kg	数量	备注
6925303721562	冻带鱼	箱	623×312×325	31.5	2.5	500	

表 2-1-5 运输通知单 3

客户指令号	YSTZD003			托运客户	上海晨光文具股份有限公司		
始发站	上海			目的站	重庆		
托运人	张晶			取货地址	上海市奉贤区金钱公路 3469 号		
联系方式	131 **** 9643			取货时间	2024.3.1,9:00—11:00		
收货人	晨光文具(沙坪坝店)			收货地址	重庆市沙坪坝区汉渝路 17-8 号		
联系方式	139 **** 1453			收货时间	2024.3.4,17:00—22:00		
货品条码	货品名称	单位	包装规格/mm	总体积/m^3	总重量/kg	数量	备注
6925303721397	记账本	箱	285×380×270	1.46	36	50	

表 2-1-6 运输通知单 4

客户指令号	YSTZD004			托运客户	贝发集团股份有限公司		
始发站	上海			目的站	广州		
托运人	王劲远			取货地址	肇嘉浜路 159 号友谊时代大厦 8 层 A、C		
联系方式	136 **** 2029			取货时间	2024.3.1,12:00—17:00		
收货人	自强文具店(李强)			收货地址	广州市越秀区中山四路榨粉中街 3 号 101-1 商铺		
联系方式	152 **** 7564			收货时间	2024.3.4,08:00—17:00		
货品条码	货品名称	单位	包装规格/mm	总体积/m^3	总重量/kg	数量	备注
6925303721346	72 色水彩笔	箱	395×195×35	0.13	102	50	

表 2-1-7 运输通知单 5

客户指令号	YSTZD005			托运客户	贝发集团有限公司		
始发站	上海			目的站	济南		
托运人	王劲远			取货地址	上海市肇嘉浜路 159 友谊时代大厦 8 层 A、C		
联系方式	136 **** 2029			取货时间	2024.3.1,8:00—12:00		
收货人	雅客文具书店(陈佳)			收货地址	山东省济南市槐荫区幸福街 9-7 号		
联系方式	155 **** 2892			收货时间	2024.3.1,15:00—17:00		
货品条码	货品名称	单位	包装规格/mm	总体积/m^3	总重量/m^3	数量	备注
6925303721639	订书机三件组合套装	箱	850×400×60	1.02	100	50	

表 2-1-8　运输通知单 6

客户指令号	YSTZD006			托运客户	华联超市		
始发站	上海			目的站	重庆		
托运人	李清			取货地址	上海市黄浦区白渡路 118 号		
联系方式	136＊＊＊＊9202			取货时间	2024.3.1,08:00—12:00		
收货人	重庆源泉商贸有限公司(李佳)			收货地址	重庆市渝北区双龙西路 186 号		
联系方式	132＊＊＊＊4022			收货时间	2024.3.4,08:00—15:00		
货品条码	货品名称	单位	包装规格/mm	总体积/m^3	总重量/kg	数量	备注
6902038980256	75%消毒酒精	箱	285×380×270	0.029	6	6	

表 2-1-9　运输通知单 7

客户指令号	YSTZD007			托运客户	贝发集团有限公司		
始发站	上海			目的站	合肥		
托运人	王劲远			取货地址	上海市肇嘉浜路 159 号友谊时代大厦 8 层 A、C		
联系方式	136＊＊＊＊2029			取货时间	2024.3.1,12:00—17:00		
收货人	自强文具店(李强)			收货地址	合肥市瑶海区瑶海西路合肥市竹溪小学东南侧		
联系方式	177＊＊＊＊5876			收货时间	2024.3.4,08:00—17:00		
货品条码	货品名称	单位	包装规格/mm	总体积/m^3	总重量/kg	数量	备注
6925303721345	36 色水彩笔	箱	295×156×30	0.55	170.5	50	

业务主管张军向订单员下达任务，要求做好这些运输订单的业务受理工作。订单员根据运输通知单信息，判断其是否能够正常受理，需要完成以下任务：

(1)判断客户性质；

(2)界定货物属性；

(3)确定货物始发地以及目的地；

(4)分析货运时间；

(5)汇总运输通知单。

任务分析

主要了解运输托运受理的形式及必备条件、理解不可受理的业务、掌握运输订单的审核要求。会界定货物属性、会判定货物始发地以及目的地，能依据订单信息判别业务是否可以受理。

学习目标

1. 了解运输托运受理的形式及必备条件；
2. 理解不可受理的业务；
3. 掌握运输订单的审核要求。

任务操作

一、业务受理

业务受理是运输业务必不可少的作业环节，也是一般运输业务的第一个作业环节，由此可见运输业务受理作业的重要性。业务受理一般由业务受理员来完成，业务受理员主要针对货品信息、运输方式、客户要求等诸多信息进行收集、整理并传递至调度部门，以便后续作业环节的展开。

二、受理托运的形式

在受理托运时，可根据受理零担货物运输的数量、运距以及车站作业能力采用不同的受理制度和方法，如随时受理制、预先审批制、日历承运制等，或站点受理、上门受理、预约受理等。

1. 托运人"送货上门"

类似于邮政网点的业务模式，对零散客户一般采用这种业务形式。客户自行将货物运输到运输公司的收货站点进行现场托运，并办理相关托运手续。

2. 承运人"上门提货"

合同客户大多采用这种业务形式。客户通过电话、传真、信函、网上托运等方式将发货人、收货人、货物等详细信息传递给运输公司的业务受理部门，经过确认后，运输公司派遣相关工作人员前往客户处进行取货，并现场办理托运手续。

想一想

如果你想将一批货物运输到客户处，你会怎样办理托运业务？你知道运输公司受理托运申请的业务形式有哪些吗？
答：

三、运输托运受理的必备条件

1. 公布办理零担托运的线路、站点（包括联运、中转站点）、班期及里程运价。

2. 张贴托运须知、包装要求和限运规定。

（1）物品的包装要求　小物品包装好后的尺寸不低于 20 cm×20 cm（长×宽），绝对不能小于运单的尺寸，否则将导致运单损坏，运单一旦损坏会导致运单号码不能正确读取，快件不能正确送达。

（2）易碎品的包装要求　根据物件的大小、重量不同，选定强度不同的外包装（瓦楞纸盒、木制箱等）。物件不能直接放入箱内，必须要在箱底垫上防震材料，并在物件与物件之间、物件与箱子之间填满防震材料，以不晃动为准，然后将箱口封牢。怕倒置的物件、易碎品，必须用国家行业标准标签标出。

四、运输订单的审核要点

1. 货物的详细情况

业务受理员应审核货物的详细情况（名称、体积、质量、运输要求），并根据具体情况确定是否受理。通常下列情况运输公司不予受理。

（1）法律禁止流通的物品或各级政府部门指定不予运输的物品；

（2）属于国家统管的货物或经各级政府部门列入管理的货物，必须取得准运证明方可承运；

（3）属于公司没有运输资质的危险品货物；

（4）属于公司没有运输资质的超长、超高、超宽货物；

（5）属于公司没有运输资质的鲜活易腐货物；

（6）目的地不在公司线路覆盖城市的货物。

2. 货物的运输信息

（1）收、发货人的联系方式：收货人的电话最好是座机及手机号码同时记录；

（2）运输要求：时限、是否要求取派；

（3）结算方式：每票只能选择唯一的结算方式，明确付款方式；

（4）保险：向客户确认是否需要投保，如不投保需向客户讲明最高赔付限额；

（5）单据要求：是否需要签回单。

业务受理员对照公司运输条件确定能否满足这些要求，并与客户沟通确认相关要求后，确定是否受理托运申请。

想一想

客户在提交运输通知单或者货物托运书给运输公司的业务受理员后，业务受理员需要对运输任务进行分析审核，那么，你知道在业务分析审核过程中业务受理员需要注意哪几个方面吗？
答：

五、禁运品

1.禁运品的概念

禁运品是指在任何情况下,均不能受理运输托运的物品(图 2-1-1)。

图 2-1-1　禁运品

2.禁运品的类别

(1)公路运输的禁运品　见表 2-1-10。

表 2-1-10　公路运输禁运品

序号	国际禁运品类别	常见货物名称
1	难以估算价值的有价证券及易丢失的贵重物品	本国或国外货币、护照、许可证等
2	易燃易爆物品	火柴、雷管、爆竹、汽油、柴油、乙醇(液体和固体)、有气火机等
3	各类烈性毒药、麻醉药物和精神物品	砒霜、鸦片、大麻、海洛因等
4	国家发令禁止流通或寄运物品	文物、武器、弹药、仿真武器等
5	反动、淫秽有伤风化的物品	含有反动、淫秽有伤风化内容的报刊书籍、图片、宣传片、音像制品等
6	妨碍公共卫生的物品	尸体、未经硝制的兽皮、未经药制的兽骨等
7	气体	压缩气体、干冰、灭火器等
8	腐蚀性、毒性、强酸碱性和放射性的危险品	硫酸、盐酸、农药以及其他列入《化学危险品实用手册》中的化工产品
9	其他违禁品	如难以分辨成分的白色粉末等

(2)航空运输的禁运品　威胁航空飞行安全及国家禁止流通的物品。除公路运输方式中禁止运输的物品外,不能收运香水、喷雾杀虫剂、空气清新剂等一切的液体类,以及榴梿、汽车

安全气囊、气雾剂、灯泡、燃气瓶、气压泵、潜水泵、音响、所有电池类、不间断电源、所有磁性材料、具有麻醉或者毒害作用的物质等能造成飞行人员或驾驶人员情绪烦躁或不适，影响飞行任务正常执行的物品。

（3）铁路运输的禁运品　铁路旅客禁止、限制携带和托运物品主要包含以下几个大类（表2-1-11）。

表 2-1-11　铁路运输禁运品

序号	禁止、限制携带和托运物品	
1	禁止托运和随身携带的物品	枪支、子弹类（含主要零部件）；爆炸物品类；管制器具；易燃易爆物品；毒害品；腐蚀性物品；放射性物品；感染性物质；其他危害列车运行安全的物品；法律、行政法规、规章规定的其他禁止携带、运输的物品
2	禁止随身携带但可以托运的物品	锐器；钝器；工具、农具；持有检疫证明、装于专门容器内的小型活动物；其他
3	限制随身携带的物品	包装密封完好、标志清晰且乙醇体积分数为24%～70%的酒类饮品累计不超过3 000 mL；香水、花露水、喷雾、凝胶等含易燃成分的非自喷压力容器日用品，单体容器容积不超过100 mL，每种限带1件

任务单 2-1-1　发现禁运品如何处理

任务描述：某物流公司在运输一批货物时，被查出其中含有易燃、易爆物品。经调查，该物流公司在接收货物时未进行严格检查，导致禁运品被装上了运输车辆。 思考： 1. 该案例中涉及的禁运品是什么？ 2. 该物流公司违反了哪些规定？
学号：　　　　　　姓名：　　　　　　时间：　　年　　月　　日

3. 禁运品识别与判断

（1）熟悉运输中常见的禁运品、暗含危险品。

（2）根据客户申报的品名，查询相关手册。

（3）利用手、眼、耳、鼻等感觉器官对有异常情况的货物进行判断（表2-1-12）。

表 2-1-12 感官识别禁运品

感官识别	禁运品可能的表现
看	污渍、结霜、潮湿、漏油等
听	声音(嘀嗒声、叫声、摇晃撞击声)等
闻	不寻常的气味(油漆、香水、酒、醋、臭鸡蛋)等
触摸	热或冰的包装箱(化学反应或者干冰)等

(4)对于外包装上有危险品标志的货物不可以擅自打开。

(5)熟悉运输的物品和发货人的背景资料,对可能的禁运物品进行判断。

(6)向安全操作人员请示。

4.禁运品的处理方法

(1)对于经检查确定为禁运品的货物,在向客户进行必要的解释后拒收。

(2)对于暂时无法判定的疑似禁运品,必须向安全操作人员和操作管理人员请示,在得到准确的判断后再决定拒收或发运。

(3)对于可以运输的特殊物品,要采取特殊的操作程序,不得积货,并要在预报中注明。

(4)对于暂时无法判断的疑似危险品,建议客户到权威部门进行危险品检测,并获取检测证书。

(5)在运输特殊物品时,要加收特殊物品操作费。

(6)对于某些客户强烈要求提供危险品运输服务,而出于商业和客户关系的考虑公司不得不接受的情况下,公司可向客户推荐本地经授权的第三方危险品运输代理机构来处理此货物,并且只能提供机场到机场的服务。

任务单 2-1-2 惊险!罐车气体泄漏,车顶爆开

任务描述:石家庄无极县交通运输局发布情况通报,内容如下: 11 月 13 日,网上出现“某公路疑一罐车气体泄漏,冒出黄烟”相关视频后,相关部门立即派人到现场调查处理。 经查,视频中罐车为无极县某危化品运输公司车辆,运输货物为“净水剂”(三氯化铁,属腐蚀性物品),装载 30 t。该车上午 7 时左右由南至北行至藁城东高速口南 500 m 位置,车辆顶部阀门漏出烟状气体。押运人员上前查看原因时,阀门被憋开,喷出柱状气体,未造成人员伤亡。随后押运人员及时关闭阀门至安全状态,并行驶至目的地,上午 9 时许在目的地卸货完毕。泄漏原因初步判定为阀门排气孔堵塞。 我局已对涉事企业和车辆开展调查,依法处置。同时将举一反三,强化措施,加大对危险货物运输车辆检查力度和频次,防止类似问题再次发生。 思考:1.以上案例说明了什么问题? 2.怎样能避免此类事故发生?
学号: 姓名: 时间: 年 月 日

任务单 2-1-3　运输订单审核

任务描述：请结合本任务学习导入中的运输通知单，从以下方面进行运输订单审核。	
界定货物属性：属不属于管制货物或者禁运品	
确定货物始发地以及目的地：是否属于公司承运范围	
分析货运时间：是否可以按时到货	
学号：　　　　姓名：　　　　时间：　　年　　月　　日	

任务测评

王海现在已经是一名普通货运企业的业务受理员，请帮他判定以下订单是否可以承运。

1. 货品品名是“氟乙酸甲酯”，要求走公路运输。
2. 货品品名是“零部件”，但闻起来有臭鸡蛋的气味，要求走空运。
3. 包装箱上有  标志。
4. 发货单上货品名称为白磷，发货单位为某化工有限公司，收货单位为某化学实验室。因原料急需，想走空运。如空运安排不了，其他运输方式也可以。
5. 主人搬家，需要托运驯养的宠物黄金蟒。
6. 文件袋一份，内有该公司的数额为 10 万元的汇票一张。

任务2 运费计算

学习导入

M物流有限公司是一家集物流、运输、仓储、配送、进出口代理等于一体的综合性第三方物流公司。货运中心地址:F市站前路177号,联系人张亮,联系电话188****6700。

客户基础信息如表2-2-1所列,客户商品信息如表2-2-2所列。

表2-2-1 客户基础信息

客户名称	收发货人姓名	收货单位	收货人地址	收发货人电话
永和商贸有限公司	张文	永和商贸有限公司总公司	M省F市人民路19号	183****0288
永昌商贸有限公司	张鑫	永昌商贸有限公司安庆分公司	安庆市宜秀区马鞍山南路200号	137****9365

表2-2-2 客户商品信息

序号	商品名称	单位	单价/元	运输包装规格
1	海飞丝清爽去油洗发水700 g	瓶	38.9	每箱4瓶装
2	清扬多效水润洗发水500 g	瓶	26.9	每箱2瓶装
3	清扬多效水润洗发水800 g	瓶	36.6	每箱4瓶装
4	飘柔净澈去油洗发水500 g	瓶	28.9	每箱4瓶装
5	飘柔洗发水兰花去屑清爽型700 g	瓶	27.9	每箱4瓶装
6	阿道夫滋润修护洗发水500 g	瓶	16.9	每箱4瓶装

M物流有限公司F市物流货运中心有多条发往外省的运输线路,提供定时发车、定时到达、定时配送服务,这些班线的目的站分别为上海、南京、安庆、武汉、厦门、北京,距离单位为km(表2-2-3)。

表2-2-3 各节点间距离 km

F市						
170	上海					
210	270	南京				
320	460	260	安庆			
750	800	580	340	武汉		
1 350	1 000	1 000	776	890	厦门	
1 700	1 200	995	1 190	1 120	1 880	北京

F市物流货运中心目前有多种货运车辆可被调运，6 t车型的货厢尺寸为6.2 m×2.1 m×2.1 m，8 t车型的货厢尺寸为7.6 m×2.2 m×2.6 m，10 t车型的货厢尺寸为8.6 m×2.4 m×2.6 m。具体运力情况见表2-2-4。

表2-2-4　运力信息

车牌	司机	载重/t	发车时间	车辆类型	运作路线	单次运行上限距离
F77211	赵伟	6	8:00	厢式货车	F市—M省各市	无限制
F77212	姚鑫	8	8:00	厢式货车	F市—M省各市	无限制
F78351	王成	8	9:00	厢式货车	F市—上海	无限制
F78352	冯新波	8	9:00	厢式货车	F市—南京	无限制
F78353	刘阳	10	9:00	厢式货车	F市—北京	无限制
F78355	曹强	8	9:00	厢式货车	F市—武汉	无限制
F78356	刘东东	10	9:00	厢式货车	F市—厦门	无限制
F78357	陈林	10	9:00	厢式货车	F市—南京—安庆	无限制
F78358	王方	10	9:00	厢式货车	F市—南京—武汉	无限制

2024年4月15日，M物流有限公司根据永和商贸有限公司要求，需要将其存在F市物流货运中心的1 700箱清扬多效水润洗发水(500 g)运往安庆分公司。该货物包装箱尺寸为37 cm×17 cm×35 cm，无指示标志要求，车厢容积可100%利用。

项目二　任务2
参考答案

经查阅，目前公路运输的相关信息如下：(1)线路基准运输费率为3×10^{-4}元/(kg·km)；(2)对于吨次费参照规定“运距20 km以上为长途，运距20 km及以下为短途。20 km以内吨次费为每吨15元，运距20 km以上，吨次费每10 km递减1元，且递减到150 km为止，运距超过150 km的，不计收吨次费”执行；(3)单程空驶调车费一般按照运价50%收取；(4)运输时一般采取保价运输，保价费率为千分之三，最低100元/票，最高600元/票；(5)车厢剩余空间不足10%时无法装载包括同一货主货物在内的其他商品，等于或超过10%时不受此限制；(6)洗护用品属于三等货物。

请根据材料完成运输类型选择以及相关数据核算。

(1)该项运输属于：____________________。

(2)完成公路货物运单(表2-2-5)。

表 2-2-5　公路货物运单

<table>
<tr><td colspan="2">托运单位</td><td colspan="3"></td><td colspan="2">装货地址</td><td colspan="2"></td><td>托运人</td><td colspan="2"></td></tr>
<tr><td colspan="2">收货单位</td><td colspan="3"></td><td colspan="2">卸货地址</td><td colspan="2"></td><td>收货人</td><td colspan="2"></td></tr>
<tr><td rowspan="2">货物名称</td><td rowspan="2">包装</td><td rowspan="2">件数</td><td rowspan="2">体积/m³</td><td rowspan="2">件重/kg</td><td rowspan="2">计费重量/kg</td><td rowspan="2">货物价值/元</td><td rowspan="2">货物等级</td><td colspan="4">计费项目</td></tr>
<tr><td>项目</td><td>里程/km</td><td>单价/[元/(t·km)]</td><td>金额/元</td></tr>
<tr><td></td><td></td><td></td><td></td><td></td><td></td><td></td><td></td><td></td><td></td><td></td><td></td></tr>
<tr><td></td><td></td><td></td><td></td><td></td><td></td><td></td><td></td><td></td><td></td><td></td><td></td></tr>
<tr><td></td><td></td><td></td><td></td><td></td><td></td><td></td><td></td><td></td><td></td><td></td><td></td></tr>
<tr><td colspan="2">合计费用</td><td colspan="7">大写：</td><td colspan="3">¥</td></tr>
<tr><td colspan="2">特约事项</td><td colspan="10"></td></tr>
<tr><td colspan="2">承运单位</td><td colspan="5"></td><td colspan="2">承运单位地址</td><td colspan="3"></td></tr>
</table>

任务分析

主要掌握公路货物运价价目，能够确定计费重量和计费里程，利用公路运费计算公式进行公路运费计算，并完成运单填写。

学习目标

1. 掌握公路货物运价价目；
2. 掌握公路货物计费重量和计费里程的确定方法；
3. 掌握公路运费的计算公式。

任务操作

一、公路货物运价价目

公路货物运价价目根据不同的依据，可以分为不同的类别。

1. 按货物托运数量及发运情况划分

(1)整车运价　整车运价适用于一批按重量、体积或形状要求，需要以一辆车装载，按整车托运的货物。一般是指一次托运货物的计费重量达到 3 t 或 3 t 以上时的运价。

(2)零担运价　零担运价适用于每批不够整车托运，而按零担托运的货物。一般是指一次托运货物的计费重量不足 3 t 时的运价。零担货物批量小、到站分散、货物种类繁多，在托运中要比整车货物花费更多的费用，所以同一类货物的零担运价要比整车运价高。

(3)集装箱运价　运用集装箱运输货物时规定的运价。集装箱运价一般有单独制定的集装箱运价和以整车或零担为基础计算的集装箱运价两种形式。集装箱运价一般低于零担运价，高于整车运价。

2. 按吨(箱)次费划分

(1)吨次费　以整车运输时，在计算运费的同时按货物重量加收吨次费。

(2)箱次费　以集装箱运输时，在计算运费的同时加收箱次费。箱次费按不同箱型分别确定。

3.按运价计价形式划分

(1)计程运价　以t·km或kg·km为单位计价。

(2)计时包车运价　以t·h为单位计价。

(3)长距运价　适用于长途运输的货物,一般实行递远递减的运价结构。

(4)短距运价　适用于短途运输的货物,一般按递近递增的原则采取里程分段的办法计费。

(5)加成运价　适用于一些专项物资、非常规运线单程货物的运输,以及特殊条件下货物的运输、特种货物的运输等。

4.按运价与运距的关系划分

(1)与运距无关的运价　运距变化而运价率不变的运价,适用于发到作业费(吨次费,即承运、交付货物等环节上的费用)和中转作业费较高的货物运输。

(2)与运距有关的运价　随运距变化而有不同运价率的运价,适用于运费占主导的货物运输。

5.按运价适用的范围划分

(1)普通货物运价　普通货物实行分等计价,以一等货物运价为基础,二等货物加15%,三等货物加30%。

(2)特种货物运价

①长大笨重货物运价:一级长大笨重货物在整车货物基本运价的基础上加40%～60%;二级长大笨重货物在整车货物基本运价的基础上加60%～80%。

②危险货物运价:一级危险货物在整车(零担)货物基本运价的基础上加60%～80%;二级危险货物在整车(零担)货物基本运价的基础上加40%～60%。

③贵重货物、鲜活货物运价:贵重货物、鲜活货物在整车(零担)货物基本运价的基础上加40%～60%。

6.其他类型的运价

(1)协议运价　由承托双方自由协商达成的运价。这种运价适用于不受运价管制的地区或不受管制的时期。

(2)站到站运价　当托运人和收货人自己完成所有货物的集运和交付,承运人只负责站与站之间的货物运送时的运价。

(3)运输服务时间运价　运价的高低与运输服务时间挂钩。运输服务时间短,运价高;反之,运价低。如果正好按规定的时间完成运输,则按标准运价计费。

(4)总量运价　总量运价适合零担运输,即托运人给予承运人的累计运量达到一定数额后,便享受运价优惠。运量越大,越优惠。

(5)限额赔偿运价　限额赔偿是指如果在运输中出现货损货差,承运人只赔偿某一限额,而不是货物的全部价值。这种运价低于正常运价。

二、公路运费的计价标准

1.计费重量(箱数)

(1)计算单位　整车运输以"t"为单位;零担运输以"kg"为单位;集装箱运输以"箱"为单位。

想一想

如何区分公路整车运输与零担运输？
答：

(2)计费重量的确定

①一般货物。整车、零担货物的计费重量均按实际重量(含货物包装、衬垫及运输需要的附属物品)计算。整批货物吨以下计至 100 kg，尾数不足 100 kg 的，四舍五入。零担货物起始计费重量为 1 kg，重量在 1 kg 以上、尾数不足 1 kg 的，四舍五入。集装箱的计费箱数为实际运输箱数。

货物计费重量一般以起运地过磅重量为准。在起运地不能或不便过磅的货物，由承托双方协商确定计费重量。

②轻泡货物，也称轻货、泡货。整车装运轻泡货物后的长度、宽度、高度以不超过有关道路交通安全规定为限，货物的计费重量按车辆额定载重量计算。零担运输轻泡货物以货物包装最长、最宽、最高部位的尺寸计算体积，按 1 m^3 折合 333 kg 计算其计费重量。

③包车运输的货物。包车运输的货物按车辆额定载重量计算其计费重量。

④散装货物。砖、瓦、沙、石、土、木材等散装货物，将体积按各省、自治区、直辖市统一规定的重量换算标准计算其计费重量。

⑤由托运人自理装车的货物，托运人应装足车辆额定载重量，未装足的，按车辆额定载重量计算其计费重量。

⑥统一规格的成包成件货物，根据某一标准件的重量计算全部货物的计费重量。

⑦接运其他运输方式的货物，无过磅条件的，按前程运输方式运单上记载的重量计算其计费重量。

⑧拼装分卸的货物按最重装载量计算其计费重量。

2.计费里程

(1)计算单位　公路运输计费里程以“km”为单位，尾数不足 1 km 的，取整为 1 km。

(2)计费里程的确定　货物运输的计费里程按装货地点至卸货地点的实际载货的营运里程计算。营运里程以省、自治区、直辖市交通主管部门核定的里程为准，未经核定的里程，由承托双方商定。

同一运输区间有两条(含)以上营运路线可供行驶时，应按最短的路线计算计费里程或按承托双方商定的路线计算计费里程。

拼装分卸的货物的计费里程为从第一装货地点起至最后一个卸货地点为止的载重里程。

出入境汽车货物运输的境内计费里程以交通主管部门核定的里程为准；境外计费里程按毗邻国(地区)交通主管部门或有权认定的部门核定的里程为准。未核定里程的，由承托双方协商，按车辆实际行驶里程计算。

因自然灾害造成道路中断，车辆需绕道而行的，按实际行驶里程计算。

城市市区里程按当地交通主管部门确定的市区平均营运里程计算；当地交通主管部门未确定的，由承托双方协商确定。

3. 计时包车货运计费时间

(1)计时包车货运计费时间以“小时(h)”为单位，起始计费时间为 4 h，使用时间超过 4 h 的，按实际使用时间计算。

(2)整日包车，每日按 8 h 计算；使用时间超过 8 h 的，按实际使用时间计算。

(3)时间尾数不足 0.5 h 的舍去，达到 0.5 h 的进为 1 h。

4. 运价单位

各种公路运输的运价单位分别如下。

(1)整车运输　元/(t·km)。

(2)零担运输　元/(kg·km)。

(3)集装箱运输　元/(箱·km)。

(4)计时包车运输　元/(t·h)。

出入境运输涉及其他货币时，在无法按统一汇率折算的情况下，可使用其他自由兑换货币为运价单位。

三、公路运输的其他费用

除吨(箱)次费、运费外，公路运输的其他费用还包括调车费、延滞费、装货(箱)落空损失费、排障费、车辆处置费、检验费、装卸费、通行费、保管费、道路阻塞停车运费、运输变更手续费等。

1. 调车费

应托运人要求，车辆调出所在地产生的车辆往返空驶里程，应计收调车费。调车费计收的有关规定如下。

(1)应托运人要求，车辆调往外省或调离驻地临时外出驻点参加营运，调车往返空驶者，可按全程往返空驶里程、车辆额定载重量和调出省基本运价的 50%计收调车费。在调车过程中，由托运人组织货物的，相关运输收入应在调车费内扣除。

(2)经承托双方共同协商，可核减或核免调车费。

(3)经铁路、水路调车，按汽车在装卸火车、装卸船前后行驶里程计收调车费；在火车、在船期间，包括车辆装卸及待装待卸时，按每天 8 h、车辆额定载重量和调出省计时包车运价的 40%计收调车费和延滞费。

2. 延滞费

车辆按约定时间到达约定的装货或卸货地点，因托运人或收货人责任造成车辆和装卸延滞时，应计收延滞费。

(1)发生下列情况时，应按计时包车运价的 40%计收延滞费。

①因托运人或收货人责任引起的超过装卸时间定额、装卸落空、等装等卸、途中停滞、等待检疫时。

②应托运人要求运输特种或专项货物需要对车辆设备改装、拆卸和清理时；应托运人或收

货人要求造成不能及时装箱、卸箱、掏箱、拆箱等，使车辆在现场或途中停滞时。

延误时间从开始等待或停滞时间计算，不足 1 h 的，免收延滞费；超过 1 h 的，以 0.5 h 为单位递进计收，不足 0.5 h 的进为 0.5 h。车辆改装、拆卸和清理延误的时间，从车辆进厂（场）起计算，以 0.5 h 为单位递进计算，不足 0.5 h 的进为 0.5 h。

（2）因托运人或收、发货人责任造成车辆在国外停留延滞时（夜间住宿时间除外），应计收延滞费。延滞时间以“h”为单位，不足 1 h 的进为 1 h。延滞费按计时包车运价的 60%～80%计收。

（3）执行合同运输时，因承运人责任引起货物运输期限延误时，应根据合同规定，按延滞费标准，由承运人向托运人支付违约金。

3. 装货（箱）落空损失费

应托运人要求，车辆开至约定地点装货（箱）落空造成的往返空驶里程，按其运价的 50%计收装货（箱）落空损失费。

4. 排障费

运输长大笨重货物时，因对运输路线的桥涵、道路及其他设施进行必要的加固或改造所发生的费用，称为排障费。排障费由托运人承担。

5. 车辆处置费

应托运人要求，运输特种货物、非标准箱等需要对车辆进行改装、拆卸和清理所发生的工料费用，称为车辆处置费。车辆处置费由托运人承担。

6. 检验费

在运输过程中，国家有关检验检疫部门对车辆的检验费及因检验造成的车辆停运损失，由托运人承担。

7. 装卸费

货物的装卸费由托运人承担。

8. 通行费

货物运输支付的过路、过桥、过隧道等通行费由托运人承担。

9. 保管费

货物到达后，明确由收货人自取的，从承运人向收货人发出提货通知书的次日（以邮戳或电话记录为准）起计，第 4 日开始计收保管费，保管费由收货人承担。应托运人的要求或由托运人的责任造成货物需要保管的，计收保管费，保管费由托运人承担。

10. 道路阻塞停车运费

在货物运输过程中，因自然灾害等不可抗力造成道路阻塞，无法完成全程运输而需要就近卸存、接运时，卸存、接运费用由托运人承担。已完成的运程收取运费；未完成的运程不收运费；托运人要求回运的，回程运费减半；应托运人要求绕道行驶或改变到达地点时，运费按实际行驶里程计收。

11. 运输变更手续费

应托运人要求取消或变更货物托运手续时，应收运输变更手续费。因变更运输，承运人已发生的有关费用由托运人承担。

四、公路运费的计算公式

公路运费是公路运输企业因提供公路运输服务而收取的运费，它以运输产品价值为基础，以供求关系为依据。

公路运费的相关计算公式如下。

1. 整车货物运费的计算公式

整车货物运费(元)＝吨次费(元/t)×计费重量(t)＋整车货物运价[元/(t·km)]×计费重量(t)×计费里程(km)＋货物运输其他费用(元)

其中，整车货物运价按货物运价价目中的价格计算。

任务单 2-2-1　整车货物运费计算

<table>
<tr><td colspan="3">任务描述：1. 有一批义乌发往杭州的铝合金门窗，总重 3.8 t，由于门窗形状特殊，需要一辆 5 t 的厢式货车运输。货物由物流公司承运，义乌至杭州专线运价为每吨 130 元，途中发生通行费 190 元。计算该批货物的运费。</td></tr>
<tr><td colspan="3"></td></tr>
<tr><td colspan="3">2. 某货主托运一批瓷砖，重 4 520 kg，承运人公布的一级普货运价率为 1.2 元/(t·km)，吨次费为 16 元/t，该批货物运输距离为 120 km，瓷砖为三级普货，计价加成 30%，途中通行收费 35 元，计算货主应支付的运费。</td></tr>
<tr><td colspan="3"></td></tr>
<tr><td>学号：</td><td>姓名：</td><td>时间：　　年　　月　　日</td></tr>
</table>

2. 零担货物运费的计算公式

零担货物运费(元)＝计费重量(kg)×计费里程(km)×零担货物运价[元/(kg·km)]＋货物运输其他费用(元)

其中，零担货物运价按货物运价价目中的价格计算。

任务单 2-2-2　零担货物运费计算

任务描述：1. 某商人托运 2 箱毛绒玩具，每箱规格为 0.8 m×0.8 m×0.8 m，实际重量为 165.3 kg，一等货物的运价为 0.002 5 元/(kg·km)，运输距离为 128 km，则该商人需要支付多少运费？（毛绒制品为三等货物）		
2. 永康市日新五金制造有限公司发往杭州五金大卖场某便利店箱包配件 2 箱，每箱毛重 25 kg，规格为 60 cm×40 cm×30 cm，每箱声明价值 600 元，保价运输。该批货物委托物流公司运输，该公司公布的永康至杭州专线零担运价为 3.5 元/kg，保价费率为 0.7%。计算该批货物的运费。		
学号：	姓名：	时间：　　年　　月　　日

3. 集装箱运费的计算公式

重(空)集装箱运费(元)＝重(空)箱运价[元/(箱·km)]×计费箱数(箱)×计费里程(km)＋箱次费(元/箱)×计费箱数(箱)＋货物运输其他费用(元)

4. 计时包车运费的计算公式

计时包车运费(元)＝包车运价[元/(t·h)]×包用车辆载重量(t)×计费时间(h)＋货物运输其他费用(元)

其中，包车运价按照包用车辆的不同类别分别制定。

从以上公路运费的计算公式可以看出，计算公路运费关键在于明确公路运输的运价价目、计费重量(箱数)、计费里程(时间)及货物运输其他费用。

五、公路运价的特点

1. 公路运价的区域性强

公路运输的成本受自然条件的影响大，不同地形、气候条件下，成本差异较大，必然使运费出现较大差异。不同条件下的运价不能相互替代，所以公路运输不能制定全国统一运价。

2. 车型、运距、货运量对运价都有影响

车型、运距、货运量对运输效率的影响较大，造成运输成本存在差异，在运价上必须给予补偿。因此，公路运价一般会采取差价或加价的方法，根据不同情况制定不同的运价。

3. 货物种类对运价的影响

货物种类不同，对车型的要求、对运输的要求都不同，运输企业承担的风险也不同，运输成本存在差异，所以应对不同的货物制定不同的运价。

4. 运输质量对运价的影响

高水平的运输质量会增加产品的使用价值，增加托运人的收益。例如，运输速度的提高可以减少货物在途时间，加快货物周转速度，即加快资金周转速度，并可以抢行就市，增大运输的时间效用。而要提高运输质量，运输企业要支付较高的成本。因此，要依据运输质量的不同采取优质优价原则，制定不同的运价。

任务单 2-2-3 运费计算

任务描述：请结合本任务学习导入中材料完成运输类型选择以及相关数据核算。	
该项运输属于	
计费重量确定	
基础运费计算	
保价费计算	
调车费计算	
学号：	姓名：　　时间：　　年　　月　　日

任务测评

王海上学期间学习非常认真，老师讲授的内容都能按要求完成，到企业工作后发现，企业在计算运费时所采用的方法与书本上学到的有些许区别，一时间没能想明白是怎么回事，你能帮帮他吗？

托运人赵鑫有 5 台机械设备，基本情况如下。地址：长沙市长沙县中南汽配城；包装：木制包装；毛重：400 kg/台；体积：130 cm×70 cm×30 cm，每台机械设备的价值 5 000 元，从长沙发往上海。收货人：张泷；地址：上海市宝山区顾北路 166 号。

客户要求代收货款(即日退)，并送货上门。

作为物流企业营业点的营业员，请为客户核算运费。

运输费率如下：

长沙到上海：重货 1.92 元/kg，泡货 403 元/m^3；

保价费费率：千分之 6，最低 24 元/票。

代收货款手续费如下：

三日退：千分之 8，最高 150 元/票；

即日退：千分之 12，最高 250 元/票；

送货上门：0.2 元/kg。单票体积超过 2.5 m^3 不低于 100 元/票，与按重量计费的金额优先取大；单票体积超过 9 m^3 或单票重量超过 1 500 kg 不低于 300 元/票，上不封顶。上海最低收费 80 元/票。

上门取货：最低 60 元/票。

________托运单　运单号：

发货地：　　到货地：　　运输类型：　　运到期限：

<table>
<tr><td colspan="3">托运人/公司：</td><td colspan="3">联系方式：</td><td colspan="4">托运人地址：</td></tr>
<tr><td colspan="3">收货人/公司：</td><td colspan="3">联系方式：</td><td colspan="4">收货人地址：</td></tr>
<tr><td>货物品名</td><td>件数</td><td>包装</td><td>总重量/kg</td><td>总体积/m^3</td><td>计费重量/体积</td><td>运输费率</td><td>基本运费/元</td><td>保价声明价值/元</td><td>保价费/元</td></tr>
<tr><td></td><td></td><td></td><td></td><td></td><td></td><td></td><td></td><td></td><td></td></tr>
<tr><td></td><td></td><td></td><td></td><td></td><td></td><td></td><td></td><td></td><td></td></tr>
<tr><td colspan="3">上门接货：□是　□否</td><td colspan="2">提货费：</td><td colspan="4">交货方式：□送货上门　□营业点自提</td><td colspan="1">送货费：</td></tr>
<tr><td colspan="4">代收货款：□即日退　□三日退</td><td colspan="6">代收金额(大写)：</td></tr>
<tr><td colspan="4">开户行：</td><td colspan="3">收款卡号：</td><td colspan="3">手续费：</td></tr>
<tr><td colspan="6">费用合计(大写)：</td><td colspan="4">付费方式：□现付　□到付　□月结
□回单付</td></tr>
<tr><td colspan="2">特别约定</td><td colspan="3">未保价的货物丢失损坏
最高按运费 3 倍赔偿</td><td colspan="1">备注：</td><td colspan="4"></td></tr>
<tr><td colspan="5">托运人盖章(签字)：
收货人盖章(签字)：</td><td colspan="5">承运人盖章(签字)：
年　月　日</td></tr>
</table>

项目三 运输计划与调度

任务 1 运输调度作业准备

学习导入

方达集团上海物流中心拥有自己的物流运输车队，其中包括城配车辆以及干线车辆等。方达运输业务自营车辆主要以油耗来计算运输成本，运输产生其他的费用为 7 元/km。承运商车辆主要以每千米运输费用与运输距离来计算运输成本(上海的油价为 7.62 元/L)。

项目三 任务 1
参考答案

方达集团上海物流中心的运输配送业务主要有三个合作客户，分别是晨光文具、贝发集团有限公司、得力集团有限公司。2024 年 4 月 1 日方达集团上海物流中心接到了来自三个主要客户的运输订单，信息员已经录入到物流数字化运作系统中，见附件“运输订单信息表”。调度专员李勇要利用物流数字化运作系统对 4 月 1 日当日的运输订单进行调度，梳理运输调度作业限制条件如下：

(1)运输订单不允许拆单，一个运单必须装载在同一辆车上。

(2)所有承运商可看作一个整体，不考虑不同承运商之间的差别。

(3)所有车辆的最大满载体积按容积的 80%计算，不考虑其他因为货物外形原因造成的容积损失。当货物装载率为 75%～80%时，车辆也可执行运输任务。

(4)每条线路每天只发一辆车，优先满足运输最大的运单数量。

(5)同一线路拥有多个运输车辆，在满足货量需求时，优先考虑运输成本。

在系统操作前，李勇需要进行运输调度作业准备，完成以下任务：

1. 汇总“运输订单信息表”(见附件，扫描二维码获取)分析运输任务，规划运输线路。

2. 参考可供调度车辆(表 3-1-1、表 3-1-2)和干线班线信息(表 3-1-3)安排车辆及驾驶员，编制运输调度计划。

附件 运输订单
信息表

表 3-1-1 自有可供调度的车辆

序号	车牌号	车长/m	厢型	载重/t	容积/m^3	司机	经常行驶区域	用途	所属	百公里油耗/L
1	沪 A30738	9.6	厢式车	25	36	张春亮	重庆、成都、四川	干线运输	自有	27
2	沪 A85796	9.6	厢式车	25	50	王立恒	杭州、苏州、福建	干线运输	自有	27
3	沪 A85712	17.5	厢式车	35	110	张胜涛	武汉	干线运输	自有	50
4	沪 AB0051	12.5	厢式车	30	75	陈虎	运城、大同、临沂	干线运输	自有	40

续表 3-1-1

序号	车牌号	车长/m	厢型	载重/t	容积/m³	司机	经常行驶区域	用途	所属	百公里油耗/L
5	沪 A32809	17.5	厢式车	51	110	李立春	广州、东莞	干线运输	自有	58
6	沪 AH5089	17.5	厢式车	35	81	张秋生	济南、菏泽、青岛	干线运输	自有	57
7	沪 A32569	17.5	厢式车	35	110	马立军	郑州、西安	干线运输	自有	56
8	沪 AH5368	15	厢式车	22	69	马时光	北京、河北、天津	干线运输	自有	48
9	沪 AX7721	12.5	厢式车	30	75	张秋生	安徽	干线运输	自有	40

表 3-1-2 承运商可供调度的车辆

序号	车牌号	车长/m	厢型	载重/t	驾驶员	经常行驶区域	容积/m³	用途	所属	费用/(元/km)
1	沪 A3R567	9.6	厢车	20	高新博	武汉	36	运输	承运商	9.8
2	沪 A2G286	17.5	厢车	51	陈立	广州	120	运输	承运商	11.8
3	沪 A33H23	17.5	厢车	51	付骁鑫	广州、东莞	120	运输	承运商	12.6

表 3-1-3 干线班线信息

班线	经停站	进站时间(上海)	起运时间	运输时效(仓到仓)	线路类型	运输距离/km
上海—重庆	无	8:00	18:00	3 天	公路	1 425
上海—济南	无	22:00	18:00	3 天	公路	730
上海—杭州	无	19:30	18:00	1 天	公路	170
上海—广州	无	17:00	18:00	3 天	公路	1 200
上海—福州	无	14:30	18:00	2 天	公路	618
上海—武汉	无	10:30	18:00	1 天	公路	269

任务分析

主要掌握运输调度工作内容，熟悉运输调度工作流程。根据运输订单信息计算分析运输任务量，基于运输订单信息制订运输调度计划。

学习目标

1. 掌握运输调度工作内容；
2. 熟悉运输调度工作流程；
3. 能够基于运输订单信息制订运输调度计划。

任务操作

一、车辆调度的概念

车辆运输调度是指运输企业调度员根据客户要求、货物特征、承运线路、车辆性能和使用状况等各类信息，协调好企业内部车辆的使用，合理调配司机与车辆完成货运任务。调度工作的主要内容就是根据运输任务，安排正确的车辆、合适的驾驶员和合理的运输线路。

任务单 3-1-1　运输调度员的日常工作

任务描述：M物流公司运输调度员的任务主要就是按照运输生产过程的基本规律，以生产作业计划为依据，贯彻领导者的经营方针和决策措施，对汽车运输的日常生产实施指挥；协调各环节的工作，并起组织作用，保证班、组、日、旬和月度生产作业计划的实现；对每班、日以经营活动进行控制，对消耗和质量等实施过程进行管理，以达到降低运输生产成本的目的；贯彻车辆设备维护制度，实施检修计划，使车辆设备经常处于良好的技术状态，确保运输生产的顺利进行；贯彻安全生产方针，保证安全生产。总之，通过有效的调度工作，创造较高的生产效率和最低的作业成本，以取得较佳的生产经营效果。 思考：调度员应具有什么样的职业素养？		
学号：	姓名：	时间：　　年　　月　　日

二、车辆调度的原则

1. 坚持从全局出发、局部服从全局的原则

在编制运行作业计划和实施运行作业计划过程中，要从全局出发，保证重点、统筹兼顾，运力安排应贯彻“先重点、后一般”的原则。

2. 安全第一、质量第一原则

在配送运输生产过程中，要始终把安全工作和质量管理放在首要位置。

3. 计划性原则

调度工作要根据客户订单要求认真编制车辆运行作业计划，并以运行计划为依据，监督和检查运行作业计划的执行情况，按计划运送货物，定期检修保养车辆。

4. 合理性原则

要根据货物性能、体积、重量、车辆技术状况、道路桥梁通行条件、气候变化、驾驶员技术水平等因素合理调派车辆。在编制运行作业计划时，应科学合理地安排车辆的运行路线，有效地降低运输成本。

三、运输调度工作内容

1. 车辆的调度

调度工作人员接到一项运输任务后，要根据运输任务的具体信息，调度安排合适的车辆去执行运输任务。在具体的车辆调度时，不仅要求车辆状况与货物状况相匹配，而且要求车辆状况与道路状况相匹配。

(1)车辆品牌的选择　主要考虑各品牌车辆的质量水平和性能是否符合运输任务的要求，尤其是道路情况。

(2)车辆载重量的选择　尽量选择额定载重量与货运量相匹配的车辆，提高车辆的载重利用率，但注意不能超载。运输企业有限载为 3 t、5 t、10 t 等不同的车辆，在选择载重量时，主要考虑本次运输任务的货运量大小。

(3)车辆容积的选择　对于一些轻泡货物、有包装的货物、形状不规则的货物，在选择车辆时，一定要考虑车辆的容积，提高车辆的容积利用率。

(4)车辆货厢形式的选择　车辆的货厢形式目前主要有平板车、低栏板车、高栏板车、厢式车(普通厢、冷藏厢)等，要根据货物特性、气候等选择车辆的货厢形式。

(5)车况的选择　车况的好坏是安排车辆时要重点考虑的因素。如果是长途运输、复杂道路、重要客户、重要货物的运输，应安排车况较好的车辆。

在选择车辆时，除了要考虑上述五个方面的因素外，还要综合其他各个方面的因素，比如当天的运输任务情况、车辆归队情况、天气情况、驾驶员和道路情况等。

任务单 3-1-2　运输车辆选择

任务描述：请结合运输车辆调度影响因素，分析以下情况应如何进行车辆选择。	
如果运输作业部有东风、解放、五十铃等品牌的汽车，现要安排车辆将 20 t 货物运送到重庆，考虑山路多、上坡多，应该选择哪个品牌的货车？	
选择车辆时什么情况下需要考虑车厢容积？	
如果是高附加值的纸箱包装货物，应安排哪种货厢形式的车辆？如果是机械设备类的货物，应安排哪种货厢形式的车辆？如果是易腐水果类的货物，应安排哪种货厢形式的车辆？	
学号：　　　　姓名：	时间：　　年　　月　　日

2.驾驶员安排

(1)驾驶经验与技术水平　一般情况下,驾驶经验丰富、驾驶技术好的驾驶员应该安排执行情况复杂、任务难度大的运输任务,比如长途山路、城市道路的运输任务。

(2)维修技术水平　有的驾驶员具有一定的维修能力,一般的车辆故障能自行解决,这样的驾驶员宜安排驾驶车况较差的车辆或执行长途运输任务。

(3)工作态度　驾驶员往往会直接与客户接触,他们的工作态度会直接影响企业形象,也会影响运输服务的质量。

(4)性格特点　运输任务的安排应尽可能兼顾驾驶员的性格特点,扬长避短。对于性格比较急躁、喜欢开快车的驾驶员,应该少安排其跑高速和城市道路;安排两个驾驶员跑长途时,要考虑两个驾驶员是否能够很好地配合。

(5)文化水平　有些运输任务需要用到一定的专业知识,比如涉及国际货运(转关运输、保税物流),可能环节多、单证多(甚至是英文单证),此时需要文化水平较高的驾驶员出车。

(6)身体状况　一是要考虑驾驶员本身的身体条件(身高、体重、有无病史等),二是要考虑驾驶员当前的身体状况。

(7)思想状况　要了解驾驶员是否愿意执行本次运输任务,有无思想包袱,不能强迫驾驶员出车。

(8)家庭情况　调度人员应该对驾驶员的家庭情况有所了解,以便合理安排出车任务。

任务单 3-1-3　驾驶员安排

任务描述:请结合驾驶员安排的影响因素,分析以下情况应如何进行驾驶员安排?	
执行情况复杂、任务难度大的运输任务,比如长途山路、城市道路的运输任务,应安排什么样的驾驶员?	
性格内向的驾驶员和性格比较急躁、喜欢开快车的驾驶员及安排两个驾驶员跑长途时调度方面需要注意什么?	
驾驶员的文化水平与运输任务本身有什么关系?	
有强烈“恋家”倾向的驾驶员和已知驾驶员家里有纠纷的,应如何安排出车任务?	
学号:　　　　姓名:	时间:　　年　　月　　日

任务单 3-1-4 看图分析

任务描述：“工作将深深影响你的一生，它可能造就你，也可能毁灭你。”——戴尔·卡耐基。看图分析，以下两幅图片分别表现出驾驶员什么样的心理状态？作为一名驾驶员我们应该怎么做？

学号：　　　　姓名：　　　　时间：　　年　　月　　日

3.运输线路安排

在线路规划时，调度员一定要考虑不同线路的经济效益，尽可能选择距离短、费用少的运输线路来完成运输任务。同时，也要考虑以下 4 个因素。

(1)道路情况　应该考虑同一辆车的货物是否同向。还要考虑道路的具体通行情况，比如高速公路是否封闭修路、是否有交通管制等。

(2)卸货点之间的距离　如果同一辆车的货物有多个卸货点时，不要出现大量的货物集中在前面的卸货点卸货，后面长距离运输时只有少量货物的情况，这会影响车辆的载重利用率。

(3)每个卸货点的卸货时间　卸货速度慢的卸货点应尽量放在后面到达，以免影响其他卸货点的到达时间。

(4)具体的到货时间　尤其是对有通行时间限制的大城市市区，要确保其具体到达时间不在受限时段内。

四、运输调度作业流程

运输调度员接到运输计划指令后，需要按照规范的工作流程，调度合适的承运车辆、运输人员，并进行线路安排，确保在规定的时间内将货物安全、经济地运送到客户指定地点。运输调度工作包括以下流程(图 3-1-1)：

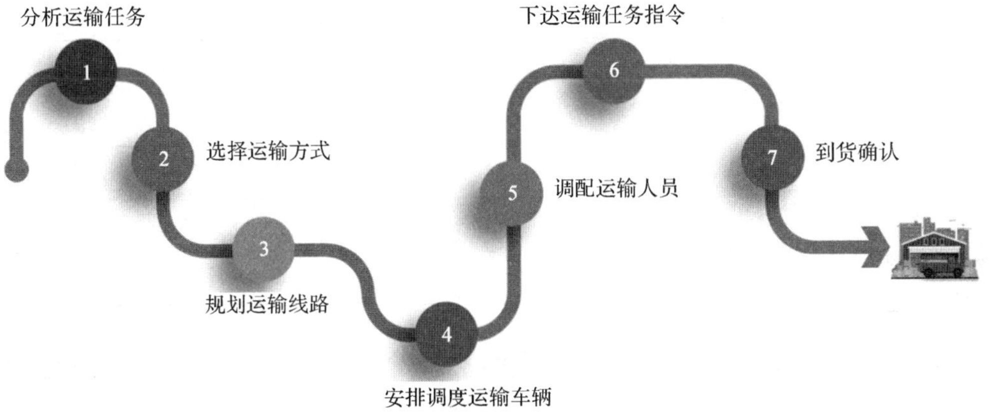

图 3-1-1　运输调度工作流程

1. 分析运输任务

根据收到的运输计划指令，调度员要认真分析货品属性、货品运量、货品包装、运输流向、运输距离等运输任务的关键信息，为车辆安排、人员调度、线路选择提供依据。

2. 选择运输方式

根据货物性质、运输距离、时效要求等因素，选择合适的运输方式，如陆路运输、水路运输、航空运输等。

3. 规划运输线路

结合运输任务和运输方式，确定最佳的运输线路，考虑路线的可行性、成本和安全性。

4. 安排调度运输车辆

根据运输任务量和线路规划，合理调配车辆资源，确保车辆能够按时到达目的地。

5. 调度运输人员

安排合适的驾驶员和相关工作人员，确保运输过程中的人员配备。

6. 下达运输任务指令

调度员将运单和派车单等运输单据交给驾驶员，下达运输调度指令，完成调度安排。

7. 到货确认

在货物到达目的地后，进行到货确认，检查货物是否完整无损。

这是一个基本的运输调度作业流程，实际操作中可能会根据具体情况进行调整和优化。高效的运输调度可以提高物流效率，降低成本，满足客户需求。

任务单 3-1-5　运输调度计划

任务描述：请结合本任务材料规划运输线路，安排车辆及驾驶员，编制运输调度计划。

步骤一：规划运输线路

1. 按区域汇总订单运输总量

调度员利用数据透视表，汇总发货地上海到福州、广州、济南、武汉以及重庆的货物总重量和总体积。

到货城市	求和项：体积/m^3	求和项：重量/t
总计		

2. 汇集“始发地—目的地”运输线路，汇总运输货物的总重量、总体积按规划的运输线路汇总运输量是安排调度车辆的基础准备。

始发站	目的站	总体积	总重量

步骤二：编制运输调度作业计划

1. 上海—重庆的车辆及驾驶员安排

(1)计算载重，选择车型

(2)确定车辆及驾驶员

(3)编制运输调度作业计划　经过分析之后，上海—福州的运单需要全部装载到______车辆上。具体运输调度作业计划如下表所示。

步骤二：编制运输调度作业计划

运输调度作业计划 1

线路	—		驾驶员：		
发车时间	年　月　日		车牌号		
车辆载重/t			车辆容积/m^3		
序号	发货城市	到货城市	客户单位	重量/t	体积/m^3
1					
2					
3					
4					
5					
6					
7					
8					
9					
10					
11					
12					
13					
14					
合计					

2.上海—福州的车辆及驾驶员安排

(1)计算载重，选择车型

(2)确定车辆及驾驶员

(3)编制运输调度作业计划　经过分析之后，上海—福州的运单需要全部装载到______车辆上。具体运输调度作业计划如下表所示。

步骤二：编制运输调度作业计划

运输调度作业计划 2

<table>
<tr><td>线路</td><td colspan="3">—</td><td colspan="2">驾驶员：</td></tr>
<tr><td>发车时间</td><td colspan="2">年　月　日</td><td>车牌号</td><td colspan="2"></td></tr>
<tr><td>车辆载重/t</td><td colspan="2"></td><td>车辆容积/m^3</td><td colspan="2"></td></tr>
<tr><td>序号</td><td>发货城市</td><td>到货城市</td><td>客户单位</td><td>重量/t</td><td>体积/m^3</td></tr>
<tr><td>1</td><td></td><td></td><td></td><td></td><td></td></tr>
<tr><td>2</td><td></td><td></td><td></td><td></td><td></td></tr>
<tr><td>3</td><td></td><td></td><td></td><td></td><td></td></tr>
<tr><td>4</td><td></td><td></td><td></td><td></td><td></td></tr>
<tr><td>5</td><td></td><td></td><td></td><td></td><td></td></tr>
<tr><td>6</td><td></td><td></td><td></td><td></td><td></td></tr>
<tr><td>7</td><td></td><td></td><td></td><td></td><td></td></tr>
<tr><td>8</td><td></td><td></td><td></td><td></td><td></td></tr>
<tr><td>9</td><td></td><td></td><td></td><td></td><td></td></tr>
<tr><td>10</td><td></td><td></td><td></td><td></td><td></td></tr>
<tr><td>11</td><td></td><td></td><td></td><td></td><td></td></tr>
<tr><td>12</td><td></td><td></td><td></td><td></td><td></td></tr>
<tr><td>13</td><td></td><td></td><td></td><td></td><td></td></tr>
<tr><td>14</td><td></td><td></td><td></td><td></td><td></td></tr>
<tr><td colspan="4">合计</td><td></td><td></td></tr>
</table>

3.上海—济南的车辆及驾驶员安排

(1)计算载重，选择车型

(2)确定车辆及驾驶员

(3)编制运输调度作业计划　经过分析之后，上海—济南的运单需要全部装载到______车辆上。具体运输调度作业计划如下表所示。

步骤二：编制运输调度作业计划

运输调度作业计划 3

线路	—			驾驶员：	
发车时间	年　月　日		车牌号		
车辆载重/t			车辆容积/m^3		
序号	发货城市	到货城市	客户单位	重量/t	体积/m^3
1					
2					
3					
4					
5					
6					
7					
8					
9					
10					
11					
12					
13					
14					
合计					

4. 上海—广州的车辆及驾驶员安排

(1)计算载重，选择车型

(2)确定车辆及驾驶员

(3)编制运输调度作业计划　经过分析之后，上海—广州的运单需要全部装载到______车辆上。具体运输调度作业计划如下表所示：

步骤二：编制运输调度作业计划

运输调度作业计划 4

线路	—			驾驶员：	
发车时间	年　月　日		车牌号		
车辆载重/t			车辆容积/m^3		
序号	发货城市	到货城市	客户单位	重量/t	体积/m^3
1					
2					
3					
4					
5					
6					
7					
8					
9					
10					
11					
12					
13					
14					
合计					

5.上海—武汉的车辆及驾驶员安排

(1)计算载重，选择车型

(2)确定车辆及驾驶员

(3)编制运输调度作业计划　经过分析之后，上海—武汉的运单需要全部装载到______车辆上。具体运输调度作业计划如下表所示。

步骤二：编制运输调度作业计划

运输调度作业计划 5

线路	—			驾驶员：	
发车时间	年　月　日		车牌号		
车辆载重/t			车辆容积/m^3		
序号	发货城市	到货城市	客户单位	重量/t	体积/m^3
1					
2					
3					
4					
5					
6					
7					
8					
9					
10					
11					
12					
13					
14					
合计					

学号：　　　　　　　　姓名：　　　　　　　　时间：　　年　　月　　日

任务测评

王海在企业轮岗实习表现比较出色，近日已经到调度部进行轮岗，调度部负责人安排他从调度助理做起，主管将待运输订单信息发给王海，让他试着编制运输调度计划，王海还没有开展过类似的工作，你能帮帮他吗？

任务描述：2024 年 8 月 10 日，方达集团上海物流中心接收到客户的运输订单。信息员已经将其录入系统中，见附件“待运输订单信息”，调度员需要对运单进行汇总。

当前停靠在上海物流中心的车辆信息如下：

附件 待运输订单信息

序号	车牌号	车长/m	厢型	载重/t	容积/m^3	用途	司机	百公里油耗/L
1	沪 Al6502	4.6	面包车	2	5	配送	李好	10
2	沪 A24103	4.6	厢车	4	12	配送	罗阳	12
3	沪 Al3460	4.6	厢车	4	15	配送	杨一帆	15
4	沪 A36104	7.6	厢车	6	25	配送	罗周周	20
5	沪 A27894	7.6	厢车	10	12	配送	彭兵	10
6	沪 A43706	9.6	厢车	10	45	配送	谭文	12
7	沪 A52608	9.6	厢车	25	50	运输	李浩然	23
8	沪 A3FE34	9.6	厢车	25	60	运输	王星星	25
9	沪 A4E836	9.6	厢车	25	85	运输	唐宁	40
10	沪 A64809	13.5	厢车	30	80	运输	关言	39
11	沪 A75210	13.5	厢车	30	90	运输	程洋洋	58
12	沪 A85666	17.5	厢车	35	105	运输	李博	65
13	沪 A94368	17.5	厢车	35	110	运输	刘辰	43
14	沪 A5S459	17.5	厢车	40	120	运输	周曲	40
15	沪 A6SE40	17.5	厢车	40	120	运输	周杰	45
16	沪 A77841	17.5	高栏	40	130	运输	刘诚诚	50
17	沪 AE0038	19.6	厢车	80	140	运输	廖明	59
18	沪 A80E37	19.6	厢车	80	140	运输	李宇卓	68
19	沪 A99E20	19.6	平板车	80	140	运输	张远恒	75
20	沪 AUS099	19.6	平板车	85	165	运输	程洋	78

运输调度作业限制条件：

(1)运单不允许拆单，一个运单的货物必须装载在同一辆车上。

(2)所有车辆的最大满载体积按车辆容积的 85%计算，载重不得超过车辆额定载重的 90%，不考虑其他因为货物外形原因造成的容积损失。重量和体积的装载率最少需要达到 80%。

(3)同一线路拥有多个运输车辆满足货量需求时，优先考虑较低的运输成本。

(4)油价按 7.62 元/L 计算。

本任务中需要完成的事项：

1. 汇总待运输订单列表，分析运输任务，规划运输线路。

2. 参考当前停靠在上海物流中心的车辆信息，安排车辆及驾驶员，编制运输调度作业计划。

<table>
<tr>
<td rowspan="2">步骤一：规划运输线路</td>
<td>1. 按区域汇总订单运输总量
调度员利用数据透视表，汇总出发货地上海到北京、成都、杭州、武汉以及西安的货物总重量和总体积。
<table>
<tr><th>到货城市</th><th>求和项：体积/m³</th><th>求和项：重量/t</th></tr>
<tr><td></td><td></td><td></td></tr>
<tr><td></td><td></td><td></td></tr>
<tr><td></td><td></td><td></td></tr>
<tr><td></td><td></td><td></td></tr>
<tr><td></td><td></td><td></td></tr>
<tr><td>总计</td><td></td><td></td></tr>
</table>
</td>
</tr>
<tr>
<td>2. 归集“始发地—目的地”运输线路，汇总运输货物的总重量、总体积
按规划的运输线路汇总运输量是安排调度车辆的基础准备。
<table>
<tr><th>始发站</th><th>目的站</th><th>总体积/m³</th><th>总重量/t</th></tr>
<tr><td></td><td></td><td></td><td></td></tr>
<tr><td></td><td></td><td></td><td></td></tr>
<tr><td></td><td></td><td></td><td></td></tr>
<tr><td></td><td></td><td></td><td></td></tr>
<tr><td></td><td></td><td></td><td></td></tr>
</table>
</td>
</tr>
<tr>
<td>步骤二：编制运输调度作业计划</td>
<td>1. 上海—北京的车辆及驾驶员安排
(1)计算载重，选择车型

(2)确定车辆及驾驶员

(3)编制运输调度作业计划　经过分析之后，上海—北京的运单需要全部装载到________车辆上。具体运输调度作业计划如下表所示。</td>
</tr>
</table>

步骤二：编制运输调度作业计划

运输调度作业计划 1

线路	—			驾驶员：	
发车时间	年　月　日		车牌号		
车辆载重/t			车辆容积/m^3		
序号	发货城市	到货城市	客户单位	重量/t	体积/m^3
1					
2					
3					
4					
5					
6					
7					
8					
9					
10					
11					
12					
13					
14					
合计					

2. 上海—成都的车辆及驾驶员安排

(1)计算载重，选择车型

(2)确定车辆及驾驶员

(3)编制运输调度作业计划　经过分析之后，上海—成都的运单需要全部装载到________车辆上。具体“运输调度作业计划”如下表所示。

步骤二：编制运输调度作业计划

运输调度作业计划 2

线路	—			驾驶员：	
发车时间	年　月　日		车牌号		
车辆载重/t			车辆容积/m^3		
序号	发货城市	到货城市	客户单位	重量/t	体积/m^3
1					
2					
3					
4					
5					
6					
7					
8					
9					
10					
11					
12					
13					
14					
合计					

3. 上海—杭州的车辆及驾驶员安排

(1)计算载重，选择车型

(2)确定车辆及驾驶员

(3)编制运输调度作业计划　经过分析之后，上海—杭州的运单需要全部装载到________车辆上。具体运输调度作业计划如下表所示。

步骤二：编制运输调度作业计划

运输调度作业计划 3

线路	—			驾驶员：	
发车时间	年　月　日		车牌号		
车辆载重/t			车辆容积/m^3		
序号	发货城市	到货城市	客户单位	重量/t	体积/m^3
1					
2					
3					
4					
5					
6					
7					
8					
9					
10					
11					
12					
13					
14					
合计					

4.上海—武汉的车辆及驾驶员安排

(1)计算载重，选择车型

(2)确定车辆及驾驶员

(3)编制运输调度作业计划　经过分析之后，上海—武汉的运单需要全部装载到________车辆上。具体运输调度作业计划如下表所示。

步骤二：编制运输调度作业计划

运输调度作业计划 4

线路	—			驾驶员：	
发车时间	年　月　日		车牌号		
车辆载重/t			车辆容积/m^3		
序号	发货城市	到货城市	客户单位	重量/t	体积/m^3
1					
2					
3					
4					
5					
6					
7					
8					
9					
10					
11					
12					
13					
14					
合计					

5.上海—西安的车辆及驾驶员安排

(1)计算载重，选择车型

(2)确定车辆及驾驶员

(3)编制运输调度作业计划　经过分析之后，上海—西安的运单需要全部装载到________车辆上。具体运输调度作业计划如下表所示。

步骤二：编制运输调度作业计划	运输调度作业计划 5

运输调度作业计划 5

线路	—			驾驶员：	
发车时间	年　月　日		车牌号		
车辆载重/t			车辆容积/m^3		
序号	发货城市	到货城市	客户单位	重量/t	体积/m^3
1					
2					
3					
4					
5					
6					
7					
8					
9					
10					
11					
12					
13					
14					
合计					

任务 2　运输车辆配载

学习导入

2024 年 4 月 20 日，方达集团上海物流中心取派司机完成取货任务后，驾驶载有货物的取派车辆返回货运中心。货运中心调度员需要根据公司班车线路、运输时限、货物性质制订相应的货物配载计划。

经汇总，由发货地上海到长沙的货物清单如表 3-2-1 所列。

表 3-2-1　货物清单

品名	重量/t	体积/m^3
棉布	7.646	20.64
奶油	2.994	5.07
虾皮	2.44	7.32
空油桶	0.5	7.35
玻璃灯罩	1	10.7
热水瓶	2	19.8
帽	2	28.4
合计	18.58	99.28

现有前四后四 9.6 m 箱车一辆，车辆信息见表 3-2-2。

表 3-2-2　车辆信息

货箱内栏板尺寸(长×宽×高)/mm	9 500×2 390×2 500	整备质量/kg	10 240
载货重量(不超载)/t	14	载货体积/m^3	55

收费标准：重货 0.48 元/kg，轻泡货 120 元/m^3。

要求：每一种货物要么全运，要么不运，不能只运一部分。

在车辆容积和载重量有限的情况下，应选择哪些货物装车呢？

任务分析

主要掌握配载原则，能够计算货物的容重比，并进行重货和轻泡货的划分。根据给定车辆参数和货物信息，能够以利润最大化为目标确定最终配载装车的货物种类。

学习目标

1. 了解配载的基本原则；
2. 能够计算货物的容重比；
3. 能够划分重货和轻泡货；
4. 能够进行车辆配载操作。

项目三　任务 2

参考答案

任务操作

一、货物配载

配载是指通过对重货和轻泡货的合理搭配使车辆载重和载积都逼近货车规定的上限，使运输的收益最大化。

配载是在配装技术支持及保证货物安全的前提下，提高车辆配载率及运输效率的一种技术手段。

任务单 3-2-1　配载方案选择

任务描述：现有 17.5 m 厢式半挂车，载重 32 t，容积 130 m^3，假设车辆配载率为 92%。上海至长沙，方达集团公路货运价格：重货 1.92 元/kg，轻泡货 403 元/m^3。（计算结果向上取整）

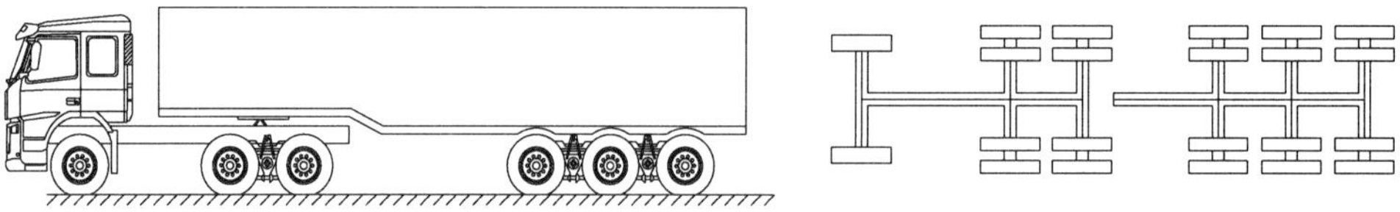

配载方案	运费收入
方案一　纯重货	
方案二　纯轻泡货	
方案三 A 货：重货 10 t，20 m^3 B 货：轻泡货 20 t，100 m^3	

结论：

学号：　　　　　　姓名：　　　　　　时间：　　年　　月　　日

二、运输车辆亏载的原因

(1)货物特性　例如，由于车厢容积的限制和运行限制（主要是超高），轻泡货物无法装足最大载重量。

国家规定：货物的总重量(kg)和总体积(m^3)的比值大于或等于 333 为重货，低于 333 为轻泡货。实际上每家企业也都有自己的规定。

(2)货物包装情况　例如，车厢尺寸不与货物包装容器的尺寸成整倍数关系，则无法装满车厢。如货物宽度 80 cm，车厢宽度 220 cm，将会剩余 60 cm。

(3)不能拼装运输，或规定必须减载运行　如有些危险品必须减载运送才能保证安全。

(4)装载技术原因，造成不能装足最大载重量。

三、提高运输车辆载重利用率的具体办法

(1)研究各类车厢的装载标准、不同货物和不同包装体积的合理装载顺序，努力提高装载技术和操作水平，力求装足车辆额定载重。

(2)根据客户所需的货物品种和数量调派适宜的车型承运。这就要求配送中心保持合适的车型结构。

(3)凡是可以拼装运输的，尽可能拼装运输，但要注意防止产生差错。

四、配载原则

配载是提高车辆载重和容积利用率的关键，一般需遵循以下原则。

1. 轻重搭配、大小搭配

在车辆配载过程中不仅要考虑车辆的装载量，还要考虑车辆的容积，尽可能实现车辆满载，降低运输成本。这就要求在进行车辆配载时，必须遵循轻重搭配以及大小搭配的原则。

轻重搭配是为了尽可能利用车辆载重，而大小搭配是尽可能利用车辆的容积。

2. 货物性质保持“三个一致”

拼装在一个车厢内的货物，要做到化学性质一致、物理属性一致、灭火方法一致，以保证运输安全。不能将散发臭味的货物与具有吸臭性的食品混装，也不能将散发粉尘的货物与清洁度要求高的货物混装。

3. 货物运输方向一致

拼装在一个车厢内的货物，其目的地方向应保持一致，并且同一到达地点适合配载的货物应尽可能一次性装车。

五、车辆配装的方法

具体车辆配装要根据需配送货物的具体情况及车辆情况决定，主要依靠经验或简单的计算来选择最优的装车方案。

1. 经验配装法

凭经验配装时，应注意以下问题：

(1)为了减少或避免差错，应尽量把外观相近、容易混淆的货物分开装载。

(2)重不压轻，大不压小，轻泡货应放在重货上面，包装强度差的应放在包装强度好的上面。

(3)尽量做到“后送先装”。由于配送车辆大多是后开门的厢式货车，故先卸车的货物应装在车厢后部，靠近车厢门，后卸车的货物装在前部。

(4)货与货之间、货与车辆之间应留有空隙并适当衬垫，防止货损。

(5)不将散发臭味的货物与具有吸臭性的食品混装。

(6)尽量不将散发粉尘的货物与清洁货物混装。

(7)切勿将渗水货物与易受潮货物一同存放。

(8)包装不同的货物应分开装载，如板条箱货物不要与纸箱、袋装货物堆放在一起。

(9)具有尖角或其他突出物的货物应和其他货物分开装载或用木板隔离，以免损伤其他货物。

(10)装载易滚动的卷状、桶状货物，要垂直摆放。

(11)装货完毕，应在门端处采取适当的稳固措施，以防开门卸货时货物倾倒造成货损或人身伤亡。

2. 计算配装法

合理使用运输工具，是提高运输能力的重要措施，也是合理组织商品运输的重要途径之一。所谓合理使用运输工具，就是在特定的自然条件下，根据运输工具的特点，结合商品的自然属性和形态，以及市场需求的缓急，将全部货运量配给各种运输工具，充分发挥运输设备的效能。合理使用运输工具的主要途径是提高技术装载量。

车辆的载重能力和车厢容积都被充分利用，即提高载重利用率的方法如下：

$$\begin{cases} A\text{ 装车重量}+B\text{ 装车重量}=\text{车辆载重量 }W \\ A\text{ 装车体积}+B\text{ 装车体积}=\text{车辆有效容积 }V \end{cases}$$

提高技术装载量的基本条件是改进商品包装，实现包装标准化，以适合载运工具容积的特点。要提高技术装载量，最大限度地利用车船的载重量和有效容积，主要采取的措施有：

(1)组织轻重配装　一辆货车装载实重商品，虽然能够充分利用货车的载重量，但不能装满容积，在容积上造成浪费；若装载轻泡商品，可以充分利用货车容积，但不能达到核定载重量，在载重上形成浪费。组织商品轻重配装，则可以充分利用车船容积和载重量，以提高运输工具的载重效率。

(2)商品解体装载。这种方法适用于某些机械商品，如自行车、磅秤和运动器材等。这些商品体积大，又不便于堆码，如果装载方法不当，必然浪费车船容积，在不影响商品质量的前提下，拆解成几个部分，分别包装，可以缩小商品所占空间，提高运输工具的装载能力，也便于装卸和搬运。

任务单 3-2-2　模拟配载

<table>
<tr><td colspan="3">任务描述：1. D 物流公司某营业门店有 A、B 两种货物需要配装，其中 A 货物单件重 20 kg，单件体积为 0.03 m³，B 货物单件重 10 kg，单件体积为 0.02 m³；送货车辆载重为 10 t，车厢有效容积为 20 m³。请依据以上信息进行模拟配载，计算出 A、B 两种货物各装多少件，才能使车辆有效容积利用率达 90%，且载重利用率达 100%。</td></tr>
<tr><td colspan="3"></td></tr>
<tr><td colspan="3">2. 确定轻重搭配比例
A 货物容重比是 0.5 t/m³；
B 货物容重比是 0.2 t/m³；
车辆载重 32 t，容积 130 m³；
车辆容积利用率是 92%。
请问：A 货物和 B 货物该如何搭配？</td></tr>
<tr><td colspan="3"></td></tr>
<tr><td>学号：</td><td>姓名：</td><td>时间：　　年　　月　　日</td></tr>
</table>

任务单 3-2-3　运输车辆配载

任务描述：请结合本任务学习导入材料中的货物清单，对三种或三种以上不同货物的配载进行处理。要求配载时轻重搭配，容重比：A 货物＜货车＜B 货物，利润最大。

步骤一：计算货物容重比并分类

1. 计算货物容重

品名	重量/t	体积/m^3	容重比/(t/m^3)
棉布			
奶油			
虾皮			
空油桶			
玻璃灯罩			
热水瓶			
帽			
合计			

2. 计算车辆容重比

	重量/t	体积/m^3	容重比/(t/m^3)
前四后四			

3. 重货、轻货划分

重货：

品名	重量/t	体积/m^3	容重比/(t/m^3)
合计			

步骤一：计算货物容重比并分类

轻货：

品名	重量/t	体积/m^3	容重比/(t/m^3)
合计			

步骤二：利用公式计算货物轻重搭配份额

1. 重货配载方案设计

考虑出发点：以重量为核心；

设计步骤：通过容重比从高到低选择货物；

限制：重量<________ t，体积<________ m^3

品名	重量/t	体积/m^3	容重比/(t/m^3)	收入/元
合计			—	
车辆剩余			—	

2. 轻货配载方案设计

考虑出发点：以体积为核心；

设计步骤：通过容重比从低到高选择货物；

限制：重量<________ t，体积<________ m^3

品名	重量/t	体积/m^3	容重比/(t/m^3)	收入/元
合计			—	
车辆剩余			—	

步骤三:最优方案

品名	重量/t	体积/m^3	容重比/(t/m^3)	收入/元
合计			—	

学号:　　　　姓名:　　　　时间:　　年　　月　　日

任务测评

王海在进行车辆配载时遇到了点困难，看看你能否帮助他。

任务描述:在本任务学习导入资料基础上，车辆的容积利用率调整为85%，则配载方案会发生什么样的变化?

步骤一:计算货物容重比并分类

1.计算货物容重

品名	重量/t	体积/m^3	容重比/(t/m^3)
棉布			
奶油			
虾皮			
空油桶			
玻璃灯罩			
热水瓶			
帽			
合计			

2.计算车辆容重比

	重量/t	体积/m^3	容重比/(t/m^3)
前四后四			

<table>
<tr>
<td>步骤一：计算货物容重比并分类</td>
<td>
3. 重货、轻货划分
重货：
<table>
<tr><th>品名</th><th>重量/t</th><th>体积/m^3</th><th>容重比/(t/m^3)</th></tr>
<tr><td></td><td></td><td></td><td></td></tr>
<tr><td></td><td></td><td></td><td></td></tr>
<tr><td></td><td></td><td></td><td></td></tr>
<tr><td></td><td></td><td></td><td></td></tr>
<tr><td></td><td></td><td></td><td></td></tr>
<tr><td></td><td></td><td></td><td></td></tr>
<tr><td></td><td></td><td></td><td></td></tr>
<tr><td>合计</td><td></td><td></td><td></td></tr>
</table>
轻货：
<table>
<tr><th>品名</th><th>重量/t</th><th>体积/m^3</th><th>容重比/(t/m^3)</th></tr>
<tr><td></td><td></td><td></td><td></td></tr>
<tr><td></td><td></td><td></td><td></td></tr>
<tr><td></td><td></td><td></td><td></td></tr>
<tr><td></td><td></td><td></td><td></td></tr>
<tr><td></td><td></td><td></td><td></td></tr>
<tr><td></td><td></td><td></td><td></td></tr>
<tr><td></td><td></td><td></td><td></td></tr>
<tr><td>合计</td><td></td><td></td><td></td></tr>
</table>
</td>
</tr>
<tr>
<td>步骤二：利用公式计算货物轻重搭配份额</td>
<td>
1. 重货配载方案设计
考虑出发点：以重量为核心；
设计步骤：通过容重比从高到低选择货物；
限制：重量<________t，体积<________m^3
<table>
<tr><th>品名</th><th>重量/t</th><th>体积/m^3</th><th>容重比/(t/m^3)</th><th>收入/元</th></tr>
<tr><td></td><td></td><td></td><td></td><td></td></tr>
<tr><td></td><td></td><td></td><td></td><td></td></tr>
<tr><td></td><td></td><td></td><td></td><td></td></tr>
<tr><td>合计</td><td></td><td></td><td>—</td><td></td></tr>
<tr><td>车辆剩余</td><td></td><td></td><td>—</td><td></td></tr>
</table>
</td>
</tr>
</table>

<table>
<tr>
<td>步骤二：利用公式计算货物轻重搭配份额</td>
<td>
2.轻货配载方案设计
考虑出发点：以体积为核心；
设计步骤：通过容重比从低到高选择货物；
限制：重量<________t，体积<________m^3
<table>
<tr><th>品名</th><th>重量/t</th><th>体积/m^3</th><th>容重比/(t/m^3)</th><th>收入/元</th></tr>
<tr><td></td><td></td><td></td><td></td><td></td></tr>
<tr><td></td><td></td><td></td><td></td><td></td></tr>
<tr><td></td><td></td><td></td><td></td><td></td></tr>
<tr><td>合计</td><td></td><td></td><td>—</td><td></td></tr>
<tr><td>车辆剩余</td><td></td><td></td><td>—</td><td></td></tr>
</table>
</td>
</tr>
<tr>
<td>步骤三：最优方案</td>
<td>
<table>
<tr><th>品名</th><th>重量/t</th><th>体积/m^3</th><th>容重比/(t/m^3)</th><th>收入/元</th></tr>
<tr><td></td><td></td><td></td><td></td><td></td></tr>
<tr><td></td><td></td><td></td><td></td><td></td></tr>
<tr><td></td><td></td><td></td><td></td><td></td></tr>
<tr><td>合计</td><td></td><td></td><td>—</td><td></td></tr>
</table>
</td>
</tr>
</table>

任务 3　运输线路规划

学习导入

运输主管让王海新负责一项工作：由集团公司 4 个生产厂为 5 个配送中心进行货物运输。生产厂和配送中心的位置和里程已确定（图 3-3-1）。

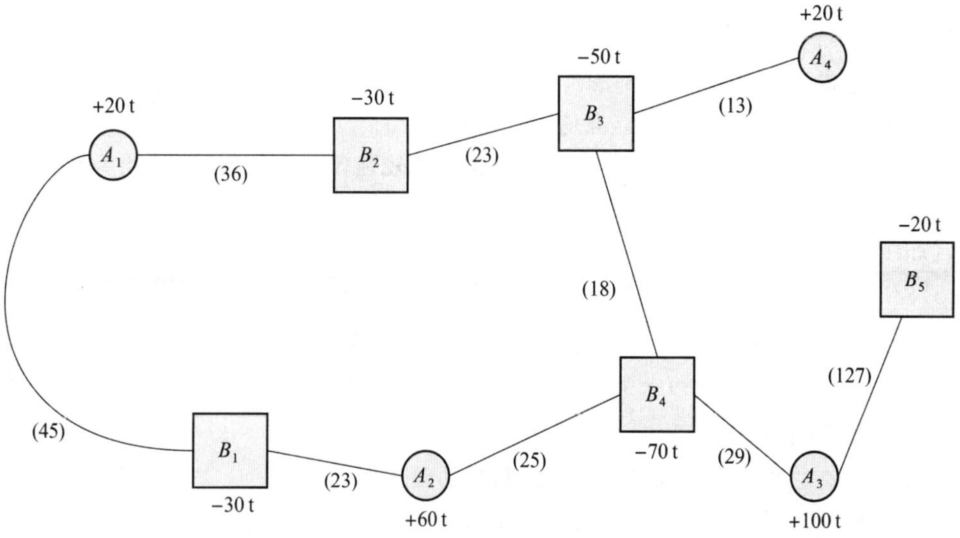

图 3-3-1　集团公司生产厂（A）与配送中心间（B）交通路线（单位：km）

王海在思考：如何确定最佳调运方案使产销地（发收地）之间运量（t·km）最小或总运费最低呢？

项目三 任务3
参考答案

任务分析

主要掌握运输线路确定的原则和运输线路类型，能够运用最短路径法、图上作业法、表上作业法和节约里程法解决实际问题。

学习目标

1. 掌握运输线路的确定原则；
2. 掌握运输线路类型；
3. 掌握运输线路优化的方法；
4. 能够运用最短路径法、图上作业法、表上作业法和节约里程法解决实际问题。

任务操作

行驶路线就是车辆在运输工作中的运行路线。在组织车辆完成货运任务时，通常面对多种行驶路线选择，即使车辆完成同样的运输任务，不同路线的利用效果也可能不同。因此，在满足货运任务要求的前提下，选择最经济的运行路线至关重要。所谓最经济的路线，是指在确保运输安全和满足服务要求的前提下，运输时间和费用最节省的路线。通常情况下，车辆的运输时间和费用与行程成正比。因此，在不考虑车辆速度、道路条件和运行费用差异的前提下，可以认为行程最短的路线是最经济的运行路线。

一、运输路线的确定原则

运输路线是指送货车辆向各个用户送货时所经过的路线。运输路线的合理性直接影响运输速度、车辆利用率和运输费用等，因此优化运输路线是运输管理的重要问题。采用科学合理的方法确定运输路线，是运输管理中非常关键的工作。

1. 确定目标

目标应根据物流运输的具体要求、承运人的实力以及客观条件来确定。运输路线规划的目标可以有多种，包括：

（1）以效益最高为目标，即以利润最大化为目标。

（2）以成本最低为目标（实际上也是以效益为目标）。

（3）以行程最短为目标。如果成本与行程相关性较强，而与其他因素的相关性较弱时，可以此作为目标。

（4）以吨公里数最小为目标。“节约里程法”的计算采用这一目标。

（5）以准确性最高为目标。它是运输管理中重要的服务指标。

当然，还可以选择运力利用最合理、劳动力消耗最低等作为目标。

2. 确定物流运输路线的约束条件

约束条件通常包括以下几点：

（1）满足所有收货人对货物品种、规格、数量的要求。

（2）满足收货人对货物送达时间范围的要求。

（3）只能在允许通行的时间段内进行运输。

(4)各运输路线的货物量不得超过车辆容积和载重量的限制。

(5)在承运单位现有运力允许的范围内。

二、运输线路的类型

运输路线会影响运输设备和人员的使用效率。准确地制定合理的运输路线能够削减成本,因此,确定运输路线是运输决策中的一个关键环节。尽管路线选择问题多种多样,但可以将它们归类为几个基本类型。

1. 起讫点不同的物流运输线路

起讫点不同的物流运输线路,也被称为“开放线路”或“直线线路”。这种线路的特点是货物从起始点出发,经过一系列的中间节点或中转站,最终到达不同于起始点的终止点。起讫点不同的物流运输线路适用于以下情况:

(1)长途运输　跨越较大地理距离的货物运输,如国内或国际的长途货运。

(2)多点配送　将货物从一个起始点分发到多个不同的终止点,通常涉及中途的分拣和转运。

(3)干线运输　连接主要物流中心或枢纽的运输线路,用于在不同地区之间进行货物的大规模转移。

(4)城际运输　在城市之间进行货物的运输,如城市间的卡车运输或铁路货运。

(5)跨境运输　涉及跨越国家边界的货物运输,需要考虑不同国家的法规和手续。

在设计起讫点不同的物流运输线路时,需要考虑运输距离、运输时间、成本效益、路线选择和货物分配等因素,以确保运输过程的高效性和准确性。同时,需要协调各个环节,包括货物的装卸、转运和交付,以满足客户的需求。

2. 起讫点重合的物流运输线路

起讫点相同的物流运输线路,也被称为“闭合回路”或“环形线路”。这种线路的特点是货物在运输过程中会经过相同的地点,形成一个封闭的循环。起讫点重合的物流运输线路常用于以下情况:

(1)区域配送　在特定区域内进行货物的配送,如城市内部的货物配送或区域内的仓库之间的货物转移。

(2)巡回取货/送货　在一个固定的区域内,按照预定的路线依次取货或送货,最后返回起始点。

(3)循环运输　用于运输周期性需求的货物,如定期向各个站点供应货物或收集废弃物。

(4)集货/分货　将货物从多个地点收集到一个中心地点进行集中处理,然后再将其分配到其他地点。

(5)退货处理　用于回收或处理退货的物流运输线路。

在设计起讫点重合的物流运输线路时,需要考虑运输效率、路线优化、货物需求和时间安排等因素,以确保运输过程的高效性和经济性。

3. 多起讫点的物流运输线路

多起讫点的物流运输线路是指在一次运输任务中涉及多个起始点和多个终止点的货物运输。这种线路的特点是货物从多个起始点出发,经过一系列的中间节点或中转站,最终到达多个不同的终止点。多起讫点的物流运输线路适用于以下情况：

(1)区域配送　在一个较大的区域内，将货物从多个仓库或供应商处收集，并分发到多个不同的客户或零售店。

(2)多点收集/多点交付　从多个地点收集货物，然后将其运送到多个不同的目的地。

(3)共同配送　多个托运人将货物集中到一个中转站，然后由承运人将其配送给多个不同的收货人。

设计多起讫点的物流运输线路需要综合考虑货物的需求、运输成本、运输时间和路线优化等因素。通过合理规划线路和安排运输，可以提高效率、降低成本，并满足多个起讫点之间货物的运输需求。

三、运输线路优化的方法

1.最短路径法

最短路径法是一种在图(可以理解为节点和边的集合)中找到两个节点之间最短路径的算法。它的基本思想是通过逐步探索图中的节点，找到从起始节点到目标节点的最短路径。

以下是一个使用 Dijkstra 算法的最短路径法的示例：

(1)选择起始节点，并将其标记为已访问，将其距离设为 0。

(2)遍历起始节点的相邻节点，并更新它们的距离值。如果相邻节点的距离值大于起始节点到该节点的距离加上起始节点到该相邻节点的边的权重，则更新距离值。

(3)选择距离值最小的未访问节点，并将其标记为已访问。

(4)重复步骤(2)和(3)，直到所有节点都被访问或达到目标节点。

(5)如果达到目标节点，则返回最短路径。

通过这种方式，最短路径法可以找到图中两个节点之间的最短路径。它在网络优化、路径规划和导航等领域有广泛的应用。

请注意，这只是最短路径法的一个简单示例，实际应用中可能会使用不同的算法或其变体来解决最短路径问题。

【实际应用】　依据如下配送网络图(图 3-3-2)，找出从 V_1 送货到 V_7 的最短路线。

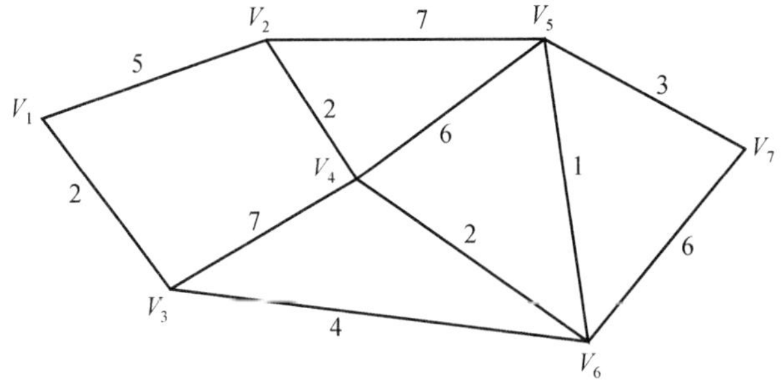

图 3-3-2　配送网络图(单位：km)

最短路径法的求解步骤：

(1)设 V_1 点距离为 0，在 V_1 点处标号(0)；

(2)求与已标号点(V_1)相邻的未标号点的最小距离值并标号：标号 V_3 点距离为(2)，并描粗 V_1 至 V_3 的连线(图 3-3-3)。

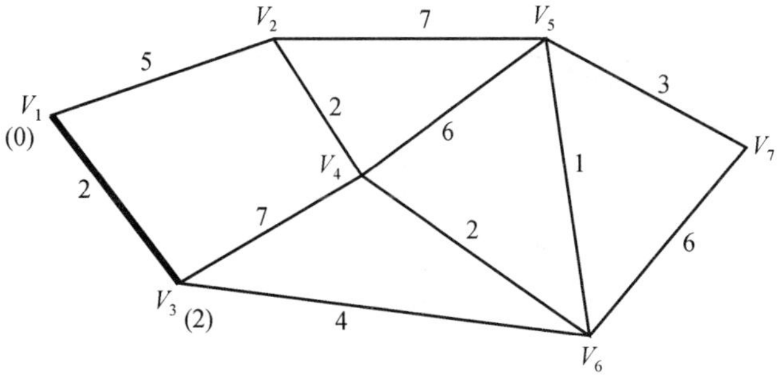

图 3-3-3　最短路径法求解 1(单位:km)

(3)求与已标号点 V_1、V_3 相邻的未标号点的最小距离值并标号:V_2 最小,标号(5),并描粗 V_1 至 V_2 的连线(图 3-3-4)。

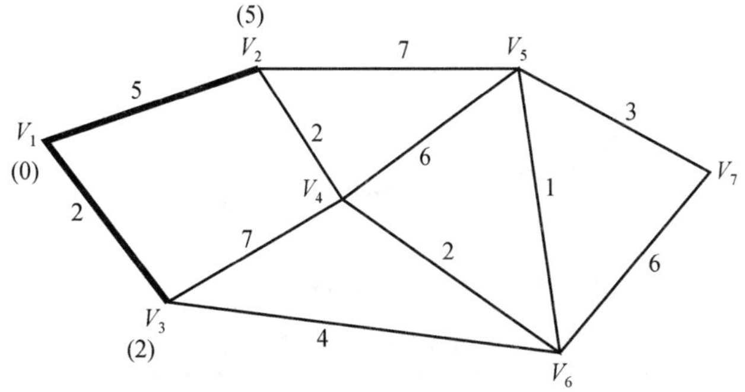

图 3-3-4　最短路径法求解 2(单位:km)

(4)求与已标号点 V_1、V_2、V_3 相邻的未标号点的最小距离值,并标号:V_6 最小,标号(6),并描粗 V_3 至 V_6 的连线(图 3-3-5)。

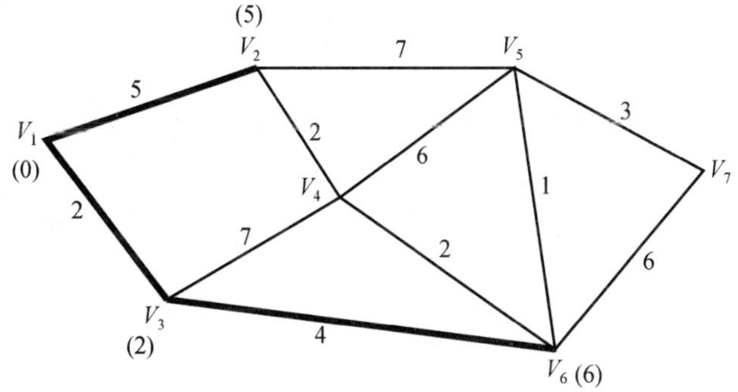

图 3-3-5　最短路径法求解 3(单位:km)

(5)求与已标号点 V_1、V_2、V_3、V_6 相邻的未标号点最小距离值并标号:最小值是 7(V_5 与 V_4),并描粗 V_5 至 V_6、V_2 至 V_4 的连线(图 3-3-6)。

(6)求与已标号点 V_1、V_2、V_3、V_4、V_5、V_6 相邻的未标号点最小距离值:V_7 最小,标号(10),并描粗 V_5 至 V_7 的连线(图 3-3-7)。

则最短路线为:V_1—V_3—V_6—V_5—V_7,行程为 10 km。

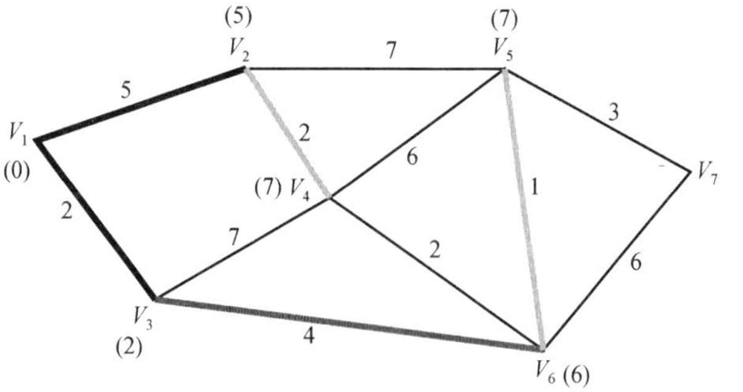

图 3-3-6 最短路径法求解 4(单位:km)

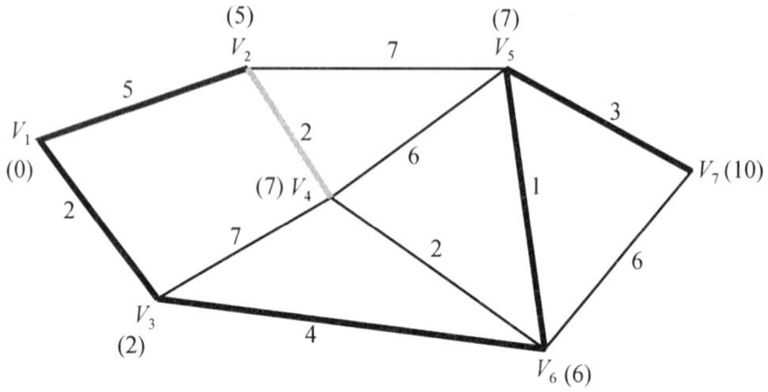

图 3-3-7 最短路径法求解 5(单位:km)

任务单 3-3-1 最短路径法

任务描述:根据下图,利用最短路径法找出从 A 到 J 的最短行车路线。(单位:km)

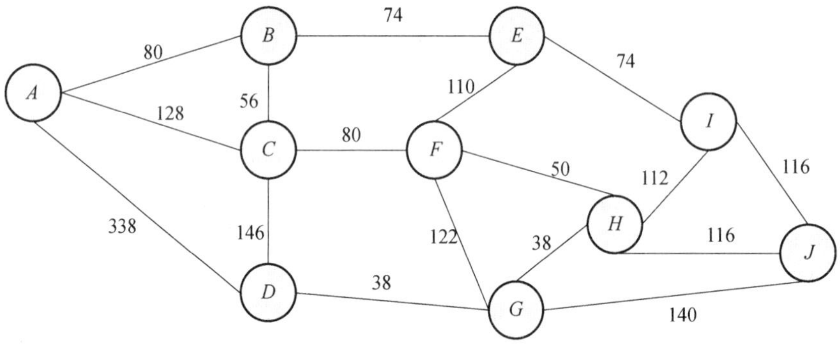

学号: 姓名: 时间: 年 月 日

2. 图上作业法

图上作业法是指利用产地和销地的地理分布和运输线路示意图实现产品运输最小吨公里数的方法。

(1)运输线路不成圈的图上作业法　运输线路不成圈是指不构成回路的树形线路，包括直线、“丁”字线、交叉线、分支线等，其中，直线为图上作业法的基本线路。

基本步骤如下：

第一步：绘制交通图。

发货点用“○”表示，收货点用“□”表示，括号中的数值表示两点间的距离(km)。

第二步：作流向图。

在交通图的各发、收点上注上货物发、收量，用“＋”号表示发货量；用“－”号表示收货量，用实线箭头表示重车流动方向，并注明数值表示流量(t)。

第三步：检验。

运输线路不成圈时，编制出的车辆调运方案只要无对流，就是最优方案。

【实际应用】 直线形。

操作原则：直线取一端，供需归邻点。

某物资有 B、E 两个发点，分别有物资 50 t、10 t；有 A、C、D 三个收点，各需物资 30 t、10 t、20 t；A 至 B 距离 60 km，B 至 C 距离 30 km，C 至 D 距离 40 km，D 至 E 距离 25 km。根据上述信息绘制交通运输线路(图 3-3-8)。起运地应如何对车辆进行调度？

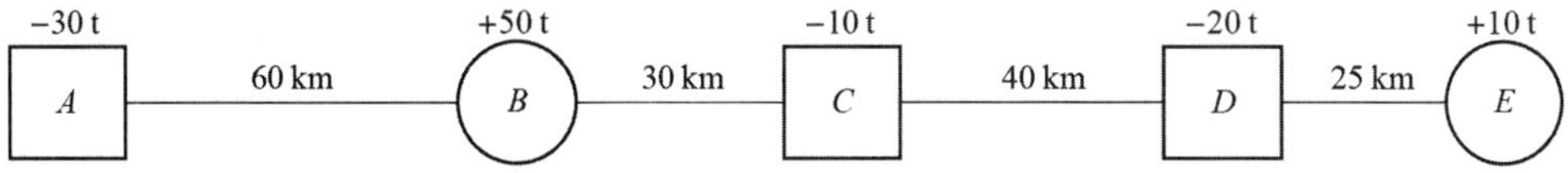

图 3-3-8　直线形交通运输线路

图 3-3-9 中的调运方案不存在对流现象，该方案最优。

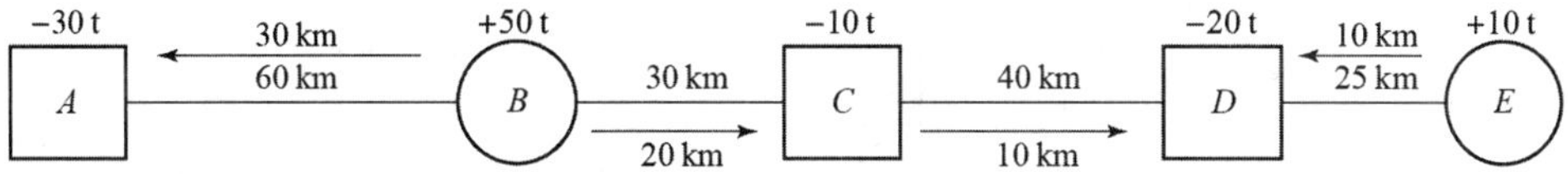

图 3-3-9　直线形最优调运方案

【实际应用】 树形。

操作原则：先定一干线，分支作流向，余缺归交点，化成一条线。

有 F、B、E 三个发点，各有物资 50 t、90 t、60 t，有 D、A、C 三个收点，各需物资 60 t、70 t、70 t，求重车调运最优方案(图 3-3-10)。

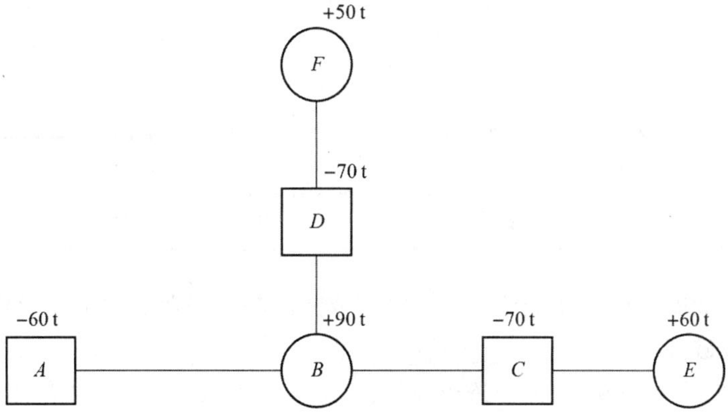

图 3-3-10　树形交通运输线路

图 3-3-11 中的调运方案不存在对流现象，方案最优。

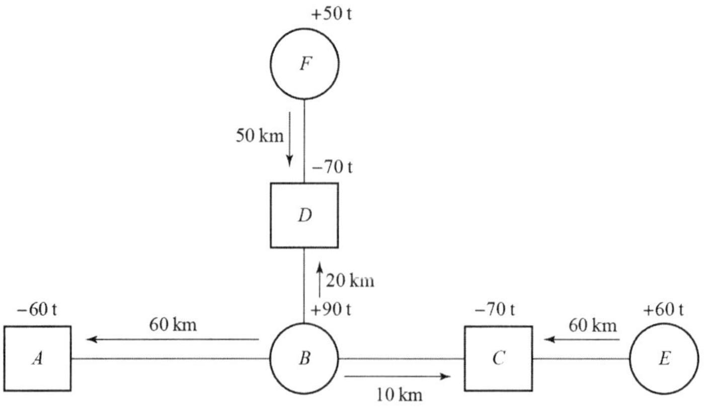

图 3-3-11 树形最优调运方案

任务单 3-3-2 不成圈的图上作业法

<table>
<tr><td>任务描述：有 A_1、A_2、A_3、A_4 四个发点，各有物资 5 t、2 t、3 t、7 t，B_1、B_2、B_3、B_4 四个收点，各需物资 8 t、1 t、3 t、5 t，求重车调运最优方案。</td></tr>
<tr><td>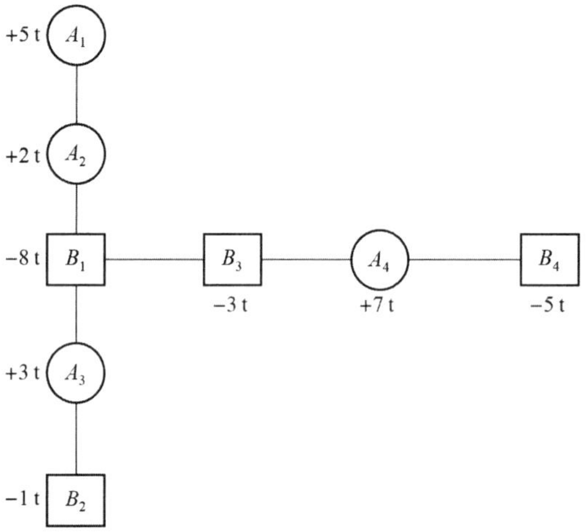
</td></tr>
<tr><td></td></tr>
<tr><td>学号：　　　　姓名：　　　　时间：　　年　　月　　日</td></tr>
</table>

(2)运输线路成圈的图上作业法　运输线路成圈的图上作业法的求解步骤如下。

第一步：去段破圈。

即从交通图中任取一圈，丢掉一条边，破去一个圈。再从剩下的图中取圈，丢边破圈，直到图中无圈为止。

注意：去段时，尽量丢掉圈中长度最大的边。

第二步：在无圈的交通图上做流向图。

按直线形或树形进行操作。

第三步：检验。

补上丢掉的边，对逐个圈检查有无迂回。

第四步：调整有迂回的圈使之最优。

按照内、外调整法对有迂回的圈进行调整，直至最优(无迂回)。

【实际应用】 集团公司有3个配送中心，要为该公司所属的5个超市补充库存，各配送中心和超市的位置如图3-3-12所示，图中的数字表示相应点之间的距离(km)，各配送中心供应量和各超市的需求量(t)也已在图中标出，试确定最佳调运方案。

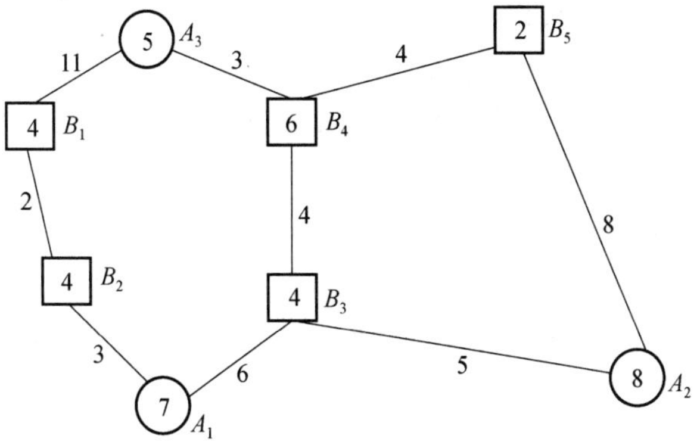

图 3-3-12 交通运输线路

第一步：丢边破圈。

方法：在交通图中任取一圈，丢掉一条边，破去一个圈。再从剩下的图中取圈，丢掉一条边，破去一个圈，直到图中无圈。

注意：丢边时，往往是丢掉圈中长度最大的边，破 A_3 至 B_1、A_2 至 B_5 两个圈。如图3-3-13所示。

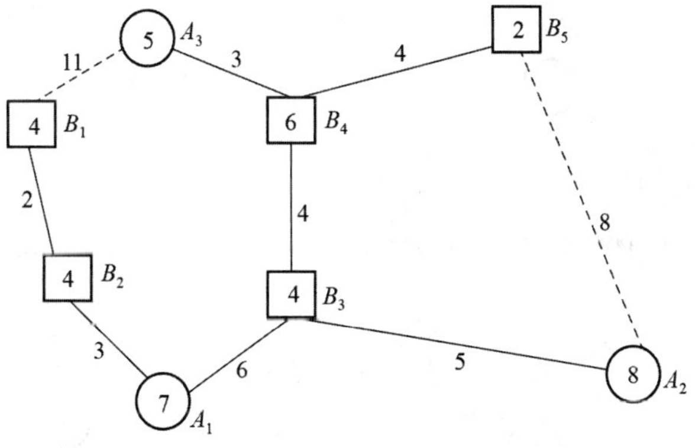

图 3-3-13 去段破圈

第二步:在无圈的交通图上做流向图。

原则:按“直线取一端,供需归邻点”,先端点后中间点,要求每个边都有流向(图 3-3-14)。

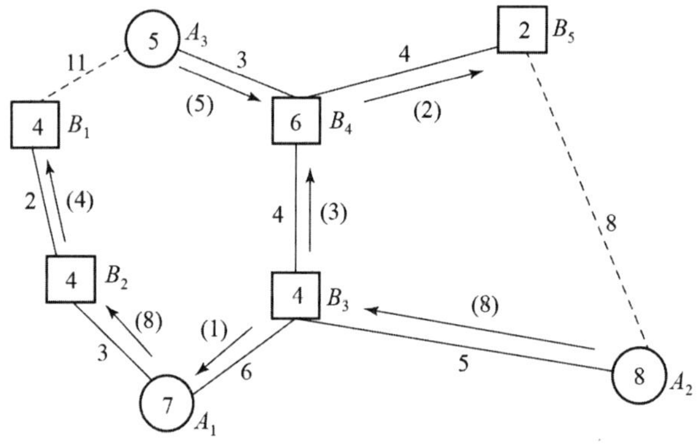

图 3-3-14　初始调运方案

第三步:检验。

补上丢掉的边,逐个圈检查有无迂回。在一个没有对流的流向图中,检查每个圈是否无迂回。如果每一个圈上的内圈流向(流向在圈内,顺时针)总长和外圈流向(流向在圈外,逆时针)总长都不超过总圈长的一半,且流向图中无迂回,这个流向图就是最优的。

检查圈 $B_4—B_5—A_2—B_3—B_4$:

总圈长=4+8+5+4=21

1/2 总圈长=21/2=10.5

内圈长=4+4+5=13>10.5,有迂回。

所以流向图不是最优流向图,需要调整。

第四步:调整。

按照外调整法对有迂回的圈进行调整,直至最优(无迂回)。

外调整法:

找出有迂回圈的内圈流量最小值(min{8,3,2}=2),每个内圈流量都减少调整量 2,外圈流量都增加 2,并在无流量的边 $B_5—A_2$ 上增加外圈流向和流量 2,得到新的交通流向图(图 3-3-15)。

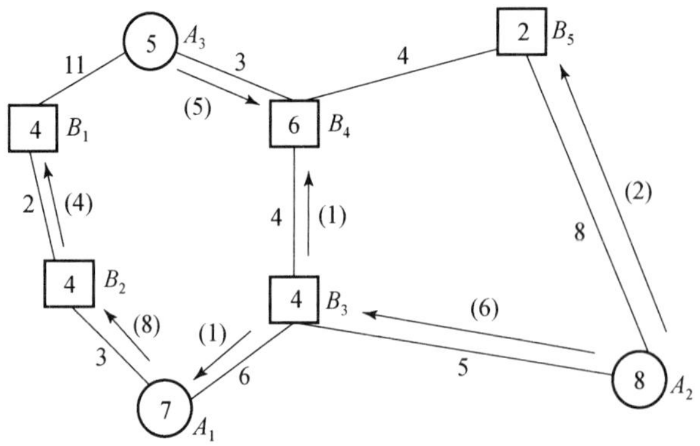

图 3-3-15　调运方案一次调整

第五步：对调整后的方案进行检验。

检查圈 $B_4—B_5—A_2—B_3—B_4$：无迂回。

检查圈 $B_1—A_3—B_4—B_3—A_1—B_2—B_1$：总圈长＝11＋3＋4＋6＋3＋2＝29，内圈长＝3＋6＋3＋2＝14＜29/2，但有迂回，所以流向图不是最优流向图。故需要调整。

第六步：对方案进行调整。

调整有迂回的圈使之最优。

找出有迂回圈的内圈流量中最小的流量（min{5，1，8，4}＝1），内圈流量都减少调整量 1，外圈流量都增加 1，并在无流量的边（$B_1—A_3$）上增加外圈流向和流量 1。得到新的交通流向图（图 3-3-16）。

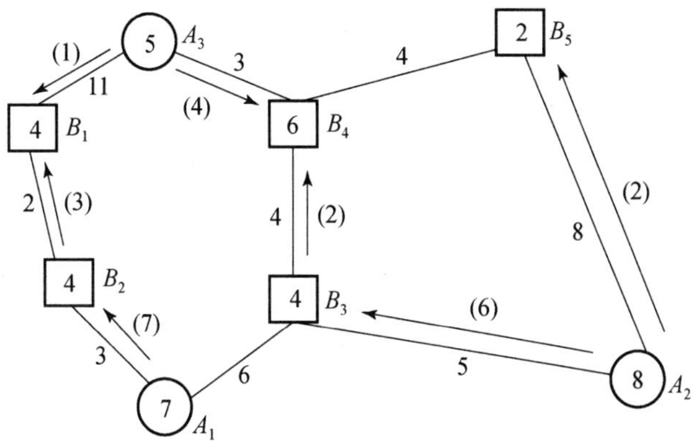

图 3-3-16　调运方案二次调整

再次检验，无迂回现象，此时方案为最优。

本物资调运问题的最优方案为（表 3-3-1）：

表 3-3-1　最优物资调运表　　km

地点	B_1	B_2	B_3	B_4	B_5	发量/t
A_1	4	3				7
A_2		1	4	1	2	8
A_3				5		5
收量	4	4	4	6	2	

任务单 3-3-3　成圈的图上作业法

任务描述：请结合本任务材料，帮助王海确定最佳调运方案使产销地（发收地）之间吨公里数最小或总运费最低。

第一步：丢边破圈

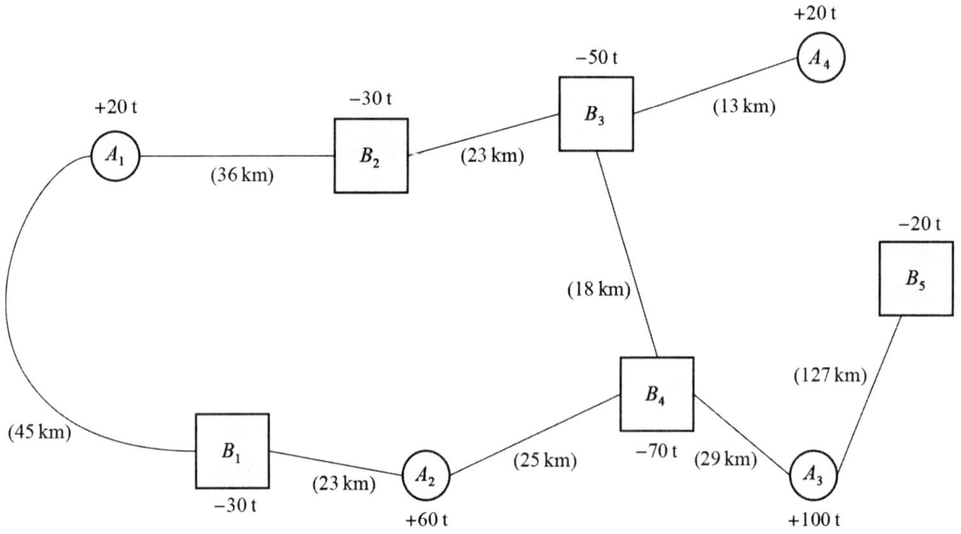

第二步：在无圈的交通图上做流向图。

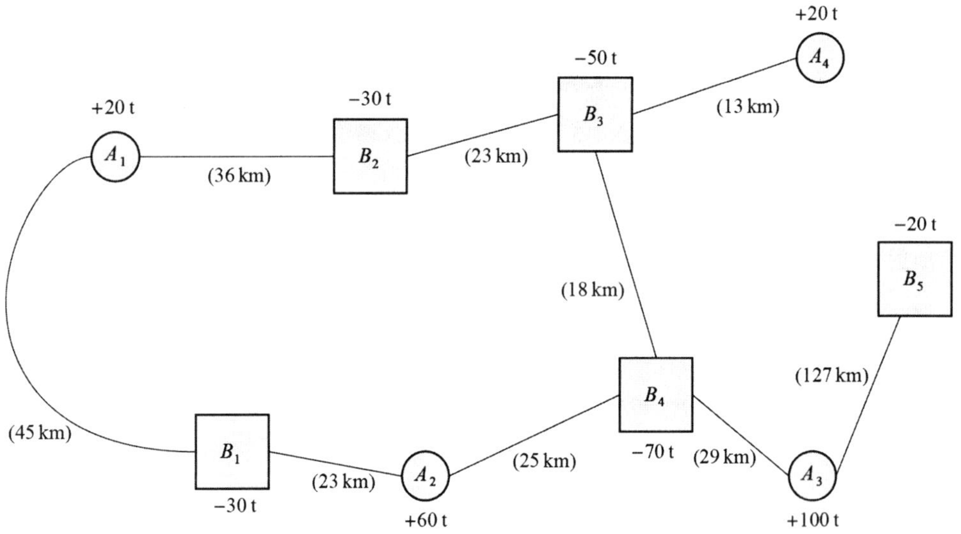

第三步：检验。

完成最优物资调运表：

收点	发点					
	B_1	B_2	B_3	B_4	B_5	发量
A_1						
A_2						
A_3						
A_4						
收量						

学号：　　　　姓名：　　　　时间：　　年　　月　　日

3.表上作业法

表上作业法是指用列表的方法求解运输问题模型的计算方法，用于解决把某种商品从若干产地运至若干销售地而使总运费最小的一类问题。

运输问题描述：已知有 m 个产地 $A_i(i=1,2,\cdots,m)$ 可供应某种物资，其供应量（产量）分别为 a_i 有 n 个销地 $B(j=1,2,\cdots,n)$ 其销量（需求量）分别为 b_j，从 A 到 B 的单位物资运价为 c_{ij}。

表 3-3-2　调运平衡表

产地	销地				
	B_1	B_2	…	B_n	产量
A_1	c_{11}	c_{12}	…	c_{1n}	a_1
A_2	c_{21}	c_{22}	…	c_{2n}	a_2
…	…	…	…	…	…
…	…	…	…	…	…
A_m	c_{m1}	c_{m2}	…	c_{mn}	a_m
销量	b_1	b_2	…	b_n	

在产销平衡的条件下（总产量＝总销量），要确定总运费最小的物资调运方案。

表上作业法的关键步骤如下。

第一步：确定初始调运方案。

基本思想：就近供应。

(1)运价表上找最小值；

(2)满足销量划掉列，修改产量；满足产量划掉行，修改销量；

(3)余表继续找最小运价，重复步骤(2)，直到所有行和列都划掉，得到初始调运方案；

(4)判断初始解是否可行。

①检查所有的需求量是否得到满足，所有的产量是否都分配完毕；

②检查初始解的个数(基变量的个数)是否为 $m+n-1$ 个。

【实际应用】 某公司经营某种产品，该公司下设 A_1、A_2、A_3 三个生产厂，有 B_1、B_2、B_3、B_4 四个销售点。公司每天把三个工厂生产的产品分别运往四个销售点。各工厂到各销售点的路程不同，单位产品的运费不同。各工厂每日的产量、各销售点每日的销量，以及从各工厂到各销售点单位产品的运价如表 3-3-3 所示。问该公司应如何调运产品，在满足各销售点需求的前提下，使总运费最小(表 3-3-4)。

表 3-3-3 运价情况

生产厂	销售点				
	B_1	B_2	B_3	B_4	发货量
A_1	3	11	3	10	7
A_2	1	9	2	8	4
A_3	7	4	10	5	9
需求量	3	6	5	6	

表 3-3-4 调运平衡表编制说明

生产厂	销售点				
	B_1	B_2	B_3	B_4	发货量
A_1	3	11	3	10	7
A_2	1	9	2	8	4
A_3	7	4	10	5	9
需求量	3	6	5	6	

需求点个数 $n=4$

供应点个数 $m=3$

单位运价表，表示供应点到需求点的单位产品运价

最小元素法找初始可行解(表 3-3-5)：

表 3-3-5 初始可行解

生产厂	销售点				
	B_1	B_2	B_3	B_4	发货量
A_1	3	11	(4) 3	(3) 10	7
A_2	(3) 1	9	(1) 2	8	4
A_3	7	(6) 4	10	(3) 5	9
需求量	3	6	5	6	

初始方案可行性检验：

(1)所有的需求量均得到满足，所有的产量都分配完毕；

(2)检查初始解的个数(基变量的个数)是否为 6 个。

如果基变量个数不够，则在任意一个没有调运量的地方添加一个 0 作为基变量。

总运费＝3×1＋6×4＋4×3＋1×2＋3×10＋3×5＝86(元)

任务单 3-3-4　最小元素法求初始调运方案

任务描述：用最小元素法求初始调运方案。

产地	销地				
	B_1	B_2	B_3	B_4	生产量/t
A_1	6	3	2	5	500
A_2	7	5	8	4	200
A_3	3	2	9	7	400
需求量/t	300	300	100	400	

学号：　　　　姓名：　　　　时间：　　年　　月　　日

第二步：方案最优性检验。

这里介绍一种对方案进行最优性检验的方法，叫作闭回路法。闭回路法判断最优解的步骤如下。

(1)构建闭回路　在已给出调运方案的平衡表上从非基变量对应的空格出发，沿水平或垂直方向前进，只有遇到有调运量的格(基变量)才能垂直或水平(向上或向下，向左或向右)转 90°继续前进，最后总能回到起始空格。

闭回路的常见形式如图 3-3-17 所示：

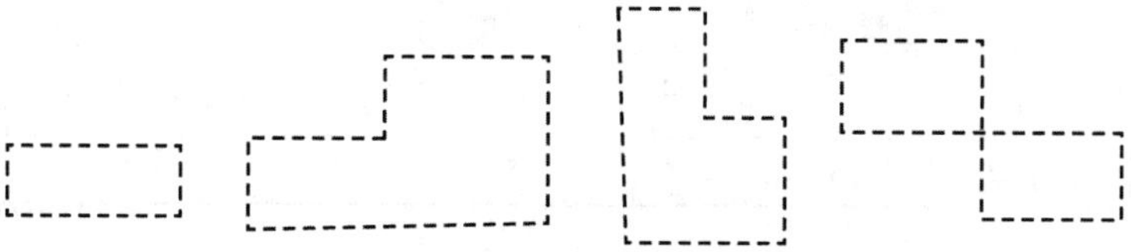

图 3-3-17　闭回路常见形式

闭回路有以下性质:每个顶点都是转角点;闭回路是一条封闭回路的折线,每一条边都是水平或垂直的;每一行(列)若有闭回路的顶点,必定是两个。

对表 3-3-5 中的初始可行解构建闭回路。闭回路是从没有调运量的空格出发,只能沿水平或垂直方向前进。现在我们构造 A_1B_1 单元格的闭回路。从 A_1B_1 出发只能水平往右或垂直往下前进,任意选择一个方向即可,这里我们选择水平往右,一直往前到达 A_1B_3 单元格,需要选择是继续水平前进还是向下垂直前进,我们选择继续水平前进,则到达 A_1B_4 单元格,这时只能向下垂直前进,到达 A_3B_4 单元格,之后只能水平向左前进到 A_3B_2 单元格,此时,我们发现不管水平往左还是垂直向上都无法回到起始空格,说明我们构建的这个闭回路是不对的,必须重新构建。还是从 A_1B_1 出发,我们还是选择水平往右,一直往前到达 A_1B_3 单元格,这次我们选择垂直向下到达 A_2B_3 单元格,这时只能水平向左前进,到达 A_2B_1 单元格,之后只能垂直向上回到 A_1B_1 单元格。A_1B_1 的闭回路就构造好了(表 3-3-6)。按此方法找另外 5 个空格的闭回路。

表 3-3-6　A_1B_1 单元格的闭回路

闭回路

供应点	客户 B_1	客户 B_2	客户 B_3	客户 B_4	发货量
A_1	3	11	(4) 3	(3) 10	7
A_2	1 (3)	9	2 (1)	8	4
A_3	7	(6) 4	10	(3) 5	9
需求量	3	6	5	6	

(2)计算空格检验数　检验数的本质:其代表的是调整 1 个调运量所带来的运费的变化。

在 A_1B_1 空格对应的闭回路上,只有 A_1B_1 为非基变量,其他三个顶点都是基变量,假定我们对方案进行调整,给 A_1B_1 单元格增加 1 个调运量,则为了保证产销平衡,相对应的 A_1B_3 单元格要减少 1 个调运量,A_2B_3 单元格要增加 1 个调运量,A_2B_1 单元格要减少 1 个调运量。这样得到了一个新的调运方案(表 3-3-7)。

表 3-3-7　A_1B_1 调运量调整

供应点	客户 B_1	客户 B_2	客户 B_3	客户 B_4	发货量
A_1	+1 3	11	(4) 3 −1	(3) 10	7
A_2	−1 1 (3)	9	2 (1) +1	8	4
A_3	7	(6) 4	10	(3) 5	9
需求量	3	6	5	6	

假设：初始方案运费为 Z_0，调整 1 个调运量的新方案的运费为 Z_1，运费的增量 $Z_1-Z_0=1\times3-1\times3+1\times2-1\times1=1$，所以检验数 $\sigma_{11}=1$。当检验数大于 0，说明调整 1 个调运量带来的是总运费的增加，所以没有必要进行调整。反之，如果检验数小于 0，则说明调整 1 个调运量带来的是总运费的减少，有必要进行调整，即当前解为非最优解。

用同样的方法计算其他 5 个空格的检验数（表 3-3-8 至表 3-3-12）。

表 3-3-8　A_1B_2 调运量调整

供应点	客户				
	B_1	B_2	B_3	B_4	发货量
A_1	3	[+1] 11	(4) 3	(3) 10 [−1]	7
A_2	(3) 1	9	(1) 2	8	4
A_3	7	[−1] 4	10	(3) 5 [+1]	9
需求量	3	6	5	6	

$\sigma_{12}=11-10+5-4=2$。

表 3-3-9　A_2B_2 调运量调整

供应点	客户				
	B_1	B_2	B_3	B_4	发货量
A_1	3	11	[+1] (4) 3	(3) 10 [−1]	7
A_2	(3) 1	[+1] 9	[−1] (1) 2	8	4
A_3	7	[−1] 4	10	(3) 5 [+1]	9
需求量	3	6	5	6	

$\sigma_{22}=9-2+3-10+5-4=1$。

表 3-3-10　A_2B_4 调运量调整

供应点	客户				
	B_1	B_2	B_3	B_4	发货量
A_1	3	11 [+1]	(4) 3	(3) 10 [−1]	7
A_2	(3) 1	9 [−1]	(1) 2	8 [+1]	4
A_3	7	(6) 4	10	(3) 5	9
需求量	3	6	5	6	

$\sigma_{24}=8-2+3-10=-1$。

表 3-3-11　A_3B_1 调运量调整

供应点	客户				
	B_1	B_2	B_3	B_4	发货量
A_1	3	11	(4) 3　−1	(3) 10　+1	7
A_2	−1　(3) 1	9	+1　(1) 2	8	4
A_3	+1　7	(6) 4	10	(3) 5　−1	9
需求量	3	6	5	6	

$\sigma_{31}=7-1+2-3+10-5=10$。

表 3-3-12　A_3B_3 调运量调整

供应点	客户				
	B_1	B_2	B_3	B_4	发货量
A_1	3	11	−1　(4) 3	(3) 10　+1	7
A_2	(3) 1	9	(1) 2	8	4
A_3	7	(6) 4	+1　10	(3) 5　−1	9
需求量	3	6	5	6	

$\sigma_{33}=10-3+10-5=12$。

(3)判断　如果所有检验数都大于等于0,则为最优解。如果出现小于0的检验数,则不是最优解(表 3-3-13)。

表 3-3-13　非基变量检验数

供应点＼客户	B_1	B_2	B_3	B_4	发货量
A_1	1　3	9　11	(4)　3	(3)　10	7
A_2	(3)　1	1　9	(1)　2	−1　8	4
A_3	10　7	(6)　4	12　10	(3)　5	9
需求量	3	6	5	6	

因为 $\sigma_{24}=-1<0$,表中的解不是最优解。

任务单 3-3-5 用闭回路法判断最优解

任务描述:用闭回路法判断最优解。

产地	销地				
	B_1	B_2	B_3	B_4	生产量/t
A_1	6(200)	3	2(100)	5(200)	500
A_2	7	5	8	4(200)	200
A_3	3(100)	2(300)	9	7	400
需求量/t	300	300	100	400	

总费用:200×6+100×2+200×5+200×4+100×3+300×2=4 100(元)

学号: 姓名: 时间: 年 月 日

第三步:方案调整。

基本思路:换基,即确定换入变量和换出变量,找出新的基本可行解。

方法如下:

(1)构建闭回路 在已给出调运方案的平衡表上从非基变量(检验数为负且最小)对应的空格出发,构建闭回路。

(2)调整运量

①在上述闭回路顶点以外的地方,x_{ij}(调运量)的值不变;

②找出上述闭回路上偶顶点对应的最小运量值作为调整量;

③在上述闭回路的奇顶点上 x_{ij} 都加上调整量,在偶顶点上 x_{ij} 都减去调整量。

对 A_2B_4 进行调整,对该闭回路各顶点进行编号,空格作为起始点,命名为 1 号顶点,其他顶点依次编号。找出上述闭回路上偶顶点对应的最小运量值作为调整量;本例中,偶顶点对应的调运量为 1 和 3,则调整值为 1。在上述闭回路的奇顶点上调运量都加上调整量 1,在偶顶点上调运量都减去调整量 1,得到新的方案(表 3-3-14)。

表 3-3-14　方案调整

供应点	客户				
	B_1	B_2	B_3	B_4	发货量
A_1	3	11	~~(4)~~ (5) 3	~~(3)~~ (2) 10	7
A_2	(3) 1	9	~~(1)~~ (0) 2	(1) 8 -1	4
A_3	7	(6) 4	10	(3) 5	9
需求量	3	6	5	6	

奇顶点

偶顶点

奇顶点的运量增加1，偶顶点的运量减掉1。

得到的新方案是否为最优方案，我们需要继续进行方案最优性检验。利用闭回路法构造闭回路，计算检验数，判断其是否为最优解（表 3-3-15）。

表 3-3-15　方案检验

供应点	客户				
	B_1	B_2	B_3	B_4	发货量
A_1	0　3	2　11	(5)　3	(2)　10	7
A_2	(3)　1	2　9	1　2	(1)　8	4
A_3	9　7	(6)　4	12　10	(3)　5	9
需求量	3	6	5	6	

经过计算，新方案的所有检验数都已经大于等于 0，说明该方案已经是最优解，总运费 $=3\times1+6\times4+5\times3+2\times10+1\times8+3\times5=85$（元）。注意：本问题中出现了检验数等于 0 的情况，这说明该运输问题的最优解不唯一。

任务单 3-3-6　用闭回路法调整方案

任务描述：用闭回路法调整方案。

产地	销地				
	B_1	B_2	B_3	B_4	生产量/t
A_1	6(200)	3　−2	2(100)	5(200)	500
A_2	7　2	5　1	8　7	4(200)	200
A_3	3(100)	2(300)	9　10	7　5	400
需求量/t	300	300	100	400	

总费用：$200\times6+100\times2+200\times5+200\times4+100\times3+300\times2=4100$（元）

学号：	姓名：	时间：　　年　　月　　日

4. 节约里程法

节约里程法是一种优化送货路线的方法，它的主要目标是减少运输成本和时间。这种方法通过合理规划运输路线，避免重复行驶或者绕路，达到节省运输里程的目的。

(1)节约里程法的适用条件

①由货运中心向多位客户开展拼装送货，每位客户的单独送货量都不能使配送车辆满载。

②考虑客户交货时间的要求，避免一条线路过长而影响交货时间的准确性；

③考虑货物总量不能超过车辆的额定载重量和总运行距离的要求；

④适用于有稳定客户群的货运中心。

(2)节约里程法的基本原理　在符合客户时间要求前提下，由一辆车装载所有客户的货物，沿一条优化后的线路，一次将货物送到各个客户，从而达到节约里程、降低运输费用的目的(图 3-3-18)。

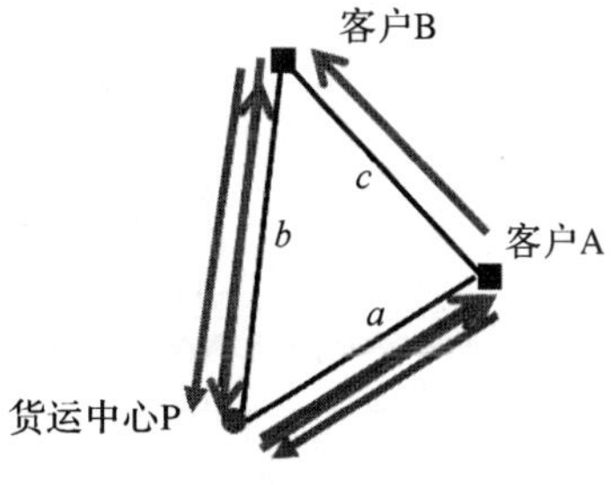

图 3-3-18　货运中心、客户间交通示意图

送货方案一：派两辆车分别为客户 A、B 送货，运输距离$=2a+2b$。

送货方案二：派一辆车为客户 A、B 共同送货，运输距离$=a+b+c$。

两种方案比较，方案二比方案一运输距离短。

节约的距离$=(2a+2b)-(a+b+c)=a+b-c>0$

节约里程公式$=PA+PB-AB$

(3)节约里程法的基本步骤

①计算包括货运中心在内的各相邻节点间的最短距离；

②计算出各客户之间可节约的运输距离；

③将可节约的运输距离按由大到小的顺序排序；

④连接各配送地点并规划配送路线。

【实际应用】 货运中心 P 向 7 个用户(A～G)送货，货运中心和用户间形成如图 3-3-19 所示的配送网络。

现货运中心车辆情况：4 t 车 2 台、6 t 车 2 台。

假设送到时间均符合各用户的要求，请求货运中心最优配送运输方案。

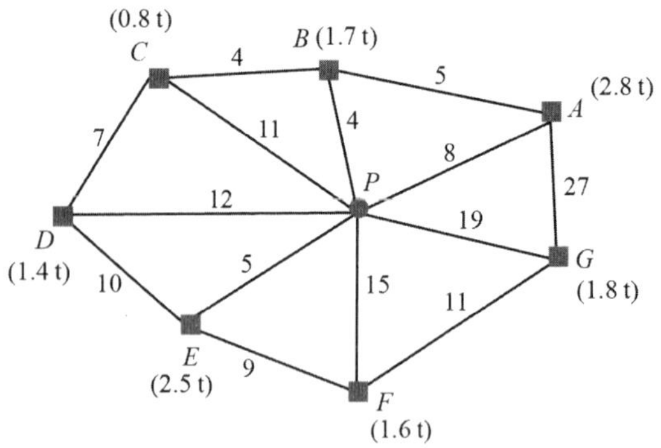

图 3-3-19 货运中心、客户间交通示意图(单位：km)

第一步：列出配送网络中各节点间的最短距离(表 3-3-16)。

表 3-3-16 配送网络中各节点间最短距离表 km

	P							
A	8	A						
B	4	5	B					
C	8	9	4	C				
D	12	16	11	7	D			
E	5	13	9	13	10	E		
F	14	22	18	22	19	9	F	
G	19	27	23	27	30	20	11	G

第二步：根据最短距离表和节约里程法的原理，计算出各用户对的节约里程(表 3-3-17)。

表 3-3-17 节约里程表 km

P	A						
B	7	B					
C	7	8	C				
D	4	5	13	D			
E	0	0	0	7	E		
F	0	0	0	7	10	F	
G	0	0	0	1	4	22	G

第三步：将各用户对的节约里程数按由大到小的顺序排序（表 3-3-18）。

表 3-3-18　节约里程排序表　　km

序号	节约里程	连接点	序号	节约里程	连接点
1	22	*F*—*G*	7	7	*D*—*E*
2	13	*C*—*D*	8	7	*D*—*F*
3	10	*E*—*F*	9	5	*B*—*D*
4	8	*B*—*C*	10	4	*A*—*D*
5	7	*A*—*B*	11	4	*E*—*G*
6	7	*A*—*C*	12	1	*D*—*G*

第四步：依据节约里程顺序表，组成配送线路（图 3-3-20）。

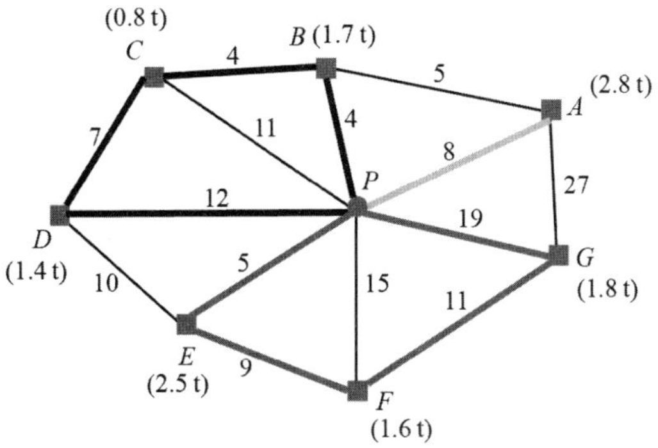

图 3-3-20　配送线路图（单位：km）

第一条配送线路：*P*—*G*—*F*—*E*—*P*。

1.8 t+1.6 t+2.5 t=5.9 t，用 1 台 6 t 车。

运输距离=19+11+9+5=44 km。

第二条配送线路：*P*—*D*—*C*—*B*—*P*。

1.4 t+0.8 t+1.7 t=3.9 t，用 1 台 4 t 车。

运输距离=12+7+4+4=27 km。

第三条配送线路：*P*—*A*—*P*。

2.8 t，用 1 台 4 t 车

运输距离=8+8=16 km

结论：需用 2 台 4 t 车、1 台 6 t 车，总运输距离=44+27+16=87(km)。

任务单 3-3-7　节约里程法

任务描述：某公路货运中心（*P*）将于 2024 年 4 月 21 日接到美鄢（*A*）、美家（*B*）、美乐（*C*）、美麟（*D*）、美兰（*E*）、美来（*F*）、美程（*G*）、美威（*H*）、美凯（*I*）、美翔（*J*）10 家公司运输任务。图中连线上的数字表示公路里程(km)，靠近各公司括号内的数字表示各公司的货物托运量(t)。货运中心备有 2 t 和 4 t 载重量的汽车可供使用，且取货车辆一次巡回里程不超过 30 km，要求按顺时针方向取货。

(1)设到达时间均符合用户要求,试用节约里程法制订最优的取货方案。
(2)货运中心取货过程中每小时平均支出成本为 260 元,假定卡车行驶的平均速度为 39 km/h,试比较优化后的方案比往返向各客户分别取货可节约多少费用?

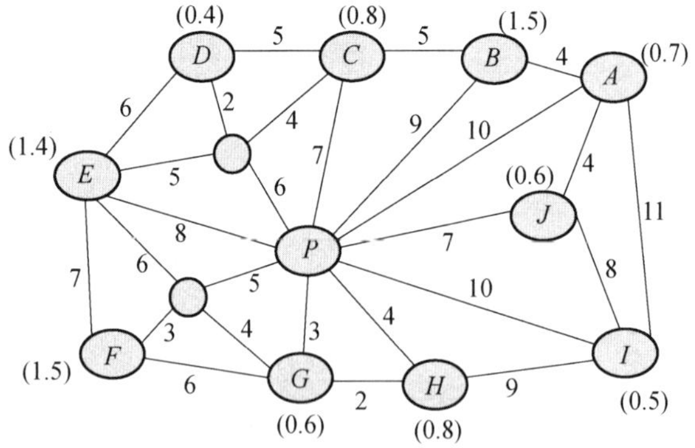

学号: 姓名: 时间: 年 月 日

任务测评

王海在进行运输线路安排时遇到了点困难，你是否能帮到他？

任务描述：某货运中心（P）将于 2024 年 8 月 22 日向德家（A）、德鄢（B）、德乐（C）、德程（D）、德福（E）、德来（F）、德麟（G）、德兰（H）、德凯（I）、德翔（J）、德华（K）11 家公司运送货物。货运中心及客户的坐标位置见下图。图中连线处表示行驶路线，括号内的数字表示该点的坐标。靠近各公司的数字，表示各公司对货物的需求量（t）。货运中心备有 5 t 和 7 t 载重量的汽车可供使用，且车辆一次巡回里程不超过 55 km。设送到时间均符合用户要求，试用节约里程法制订最优的运送方案。（各点间距离的计算结果四舍五入取整）

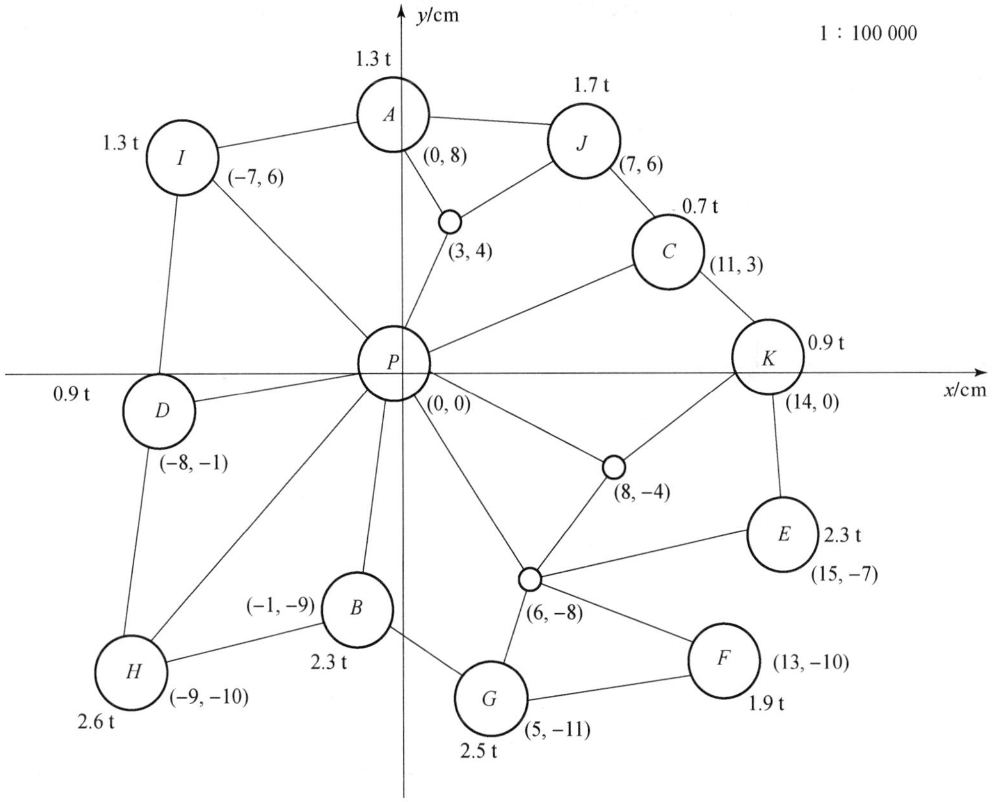

项目四　货运中心取派管理

任务 1　货物收取流程及注意事项

学习导入

物流货运中心安排王海作为取派司机，他接到调度员下发的取(派)通知单，如图 4-1-1 所示。

<table>
<tr><td colspan="8">取(派)通知单</td></tr>
<tr><td>单号</td><td colspan="2">TD0011121</td><td colspan="2">操作站</td><td colspan="3">北京</td></tr>
<tr><td rowspan="2">资源</td><td>车辆</td><td>京 B53927</td><td colspan="2">车型</td><td colspan="3">东风</td></tr>
<tr><td>司机</td><td>王海</td><td colspan="2">预计发车时间</td><td colspan="3">2024.3.23 09:00:00</td></tr>
<tr><td>总数量</td><td>9.0 件</td><td>总重量</td><td colspan="2">39.0 kg</td><td>总体积</td><td colspan="2">0.291 m³</td></tr>
<tr><td colspan="8">客户信息</td></tr>
<tr><td>订单/运单号</td><td>顺序号</td><td>地址</td><td>电话</td><td>姓名</td><td>取派类型</td><td>是否报单</td><td>是否收款</td></tr>
<tr><td>LS00000000099</td><td>1</td><td>北京市海淀区紫竹院路 29 号</td><td>010-639**523</td><td>王志远</td><td>在取</td><td>否</td><td>否</td></tr>
<tr><td>LS00000000101</td><td>2</td><td>北京市海淀区大钟寺路 132 号</td><td>010-533**676</td><td>赵铭</td><td>在取</td><td>否</td><td>否</td></tr>
<tr><td colspan="8">货物信息</td></tr>
<tr><td>订单/运单号</td><td>货品名称</td><td>件数</td><td colspan="2">重量/kg</td><td>体积/m³</td><td colspan="2">备注</td></tr>
<tr><td>LS00000000099</td><td>文件夹</td><td>5</td><td colspan="2">25</td><td>0.174</td><td colspan="2"></td></tr>
<tr><td>LS00000000101</td><td>方便面</td><td>4</td><td colspan="2">14</td><td>0.117</td><td colspan="2"></td></tr>
<tr><td></td><td></td><td></td><td colspan="2"></td><td></td><td colspan="2"></td></tr>
<tr><td>制单人</td><td>郭晓峰</td><td>制单时间</td><td colspan="2">2024 年 3 月 23 日</td><td>司机签字</td><td colspan="2"></td></tr>
</table>

图 4-1-1　取(派)通知单

接到取货任务后，取派司机王海需要进行取派作业前的准备工作，携带相关操作单据和设备在规定时间内到达客户处完成取货任务。

任务分析

主要理解货物取货作业流程，熟知不同种类货物的取货包装要求和装车要求，能分析取货作业所需注意事项。

项目四　任务1
参考答案

任务目标

1. 了解取货作业流程；
2. 掌握不同种类的货品包装和装车要求；
3. 掌握收货时用到的标签及使用方法。

任务操作

一、现场取货的概念

现场取货作业是指在发货人出货地点(一般是货物所在仓库)，承托双方办理货物和单据的交接并将货物装车的作业过程。货物搬运装卸由承运人或托运人承担，可在货物运输合同中约定。

想一想

现场取货作业涉及的岗位人员有哪些？
答：

运输调度员完成调度安排后，告知车辆装货地点及时间，同时通知现场业务员做接车准备。在运输车辆准时到达发货人出货地点后，现场业务员和驾驶员会同发货方出货负责人、仓库管理员三方一起根据出货清单核实货物，监督和协助货物装车，办理货物、单据交接。

想一想

现场取货作业涉及的单据有哪些？
答：

二、货物取货作业流程

1. 引车入厂

运输车辆到达发货人出货地点后，由驻现场业务员检查派车单(自有车辆)或审核车辆证件(外包运输车辆)，然后引领车辆经过门卫登记后进入仓库装货作业区现场，等待装车。

2.联系取货

对于临时性的客户，现场业务员或送货员凭托运单与发货方出货负责人联系取货和装车事宜。对于长期性的合同客户，由现场业务员凭派车单或车辆证件(驾驶证、道路运输证、身份证等)向发货方发货信息管理员索要本次出货清单(即发货计划单)，然后凭出货清单与发货方出货负责人联系出货和装车事宜。

3.货物核实/理货

根据运单或出货清单，现场业务员、驾驶员、发货方出货负责人一起对装车的货物名称、重量、件数进行清点和再次核实，检查包装是否完好，核对无误后进行装车环节作业。若发现货物有破损、渗漏、污染等不适合装车的情况，应及时与发货人商议修补或调换。发货人如果自愿承担由此引起的货损，则在托运单或出货清单上做备注说明和加盖印章，以明确责任。

4.单据签发

装车完毕后，三方一起再次清查货位，检查有无错装、漏装，核对实际装车件数，确认无误后，三方在托运单或出货清单上签字确认，办理货物交接签收手续，收好各自应留存的单据联，其余单据联(收货人签收联、收货人留存联)随货同行。

5.封车出厂

为保证车辆及货物的途中运行安全，将装载的货物捆扎牢固，若货物需绑扎覆盖篷布，必须将篷布覆盖严密并绑扎牢固，以防止货物由于路途颠簸、刹车而发生窜动、滑落等情况，并按有关规定施加封志和外贴有关标志。现场业务员监督送货员封车，封车要做到不出现超高、超长、超宽、超重、偏重等现象，检查装载是否稳定、捆绑是否牢固、施封是否符合要求等。然后将需由门卫留存的单据联交予门卫，车辆出厂。

6.上交单据

现场业务员定期(如每天或每周)将托运单或出货清单中的“承运人留存联”上交公司信息统计员，统计员据此对完成的运输任务进行分类汇总统计。

任务单 4-1-1　进一步深入理解货物取货流程

任务描述：根据货物取货流程，试绘制货物取货作业流程图。		
学号：	姓名：	时间：　　年　　月　　日

三、不同种类的货品包装要求

日常生活中，大家在收货时有没有遇到过打开货物包装时里面的物品已经破碎或者发生损坏的情况呢？大家有没有想过为什么会发生这种情况呢？除货物处理人员不按作业规范操作造成的人为损坏外，很大一部分原因是货物包装不符合要求致使货物在运送过程中发生损坏，那么对于不同种类的货品的包装要求是怎样的呢？

货物要根据货物的种类和特性不同，选择合适的包装材料。其中重量较大、不规则物品、液体、粉末物品等对包装材料和操作要求较高。

(1)纸质类物品　厚度不超过 1 cm 的纸质物品，使用文件封进行包装；厚度超过 1 cm 且不易破碎、抗压类的书刊、样品等寄递物品，可选择包装袋包装。

(2)质脆易碎物品　此类货物必须在包装内部的六个面加垫防震材料，且每一件物品单独使用泡沫或其他缓冲材料进行包装。

(3)体积小的物品　此类货物用塑料袋作为内包装将寄递物品聚集，并严密封口。可使用包装袋、纸箱作为外包装，并可用填充材料填充箱内的空隙。

(4)重量较大的物品　此类货物先使用材质较软的包装材料包裹，然后采用质地较好、耐磨性能好的塑料袋包装，或以材质较好的纸箱、木箱包装并用打包带加固。

(5)超大、超长的物品　此类货物以气泡垫等材质较软的材料进行全部或局部(如两端等易损部位)包装。

(6)较大的圆柱形或原材料物品　此类货物可以先使用透明的塑料薄膜进行包裹，然后再使用胶纸对其进行缠绕包装；严禁使用各种有色的垃圾袋进行包裹。

(7)特产类物品　此类货物必须进行保护类包装，具体包装方法可因物而异。

(8)液态物品的包装　若容器本身的强度较小，则必须采用纸箱或木箱对快件进行加固包装，且箱内应使用缓冲材料填实。

(9)轴承内钢珠等会渗油的固体物品　应使用衬垫和吸附材料填实。

(10)粉状物品　若货物的原包装是塑料包装袋，还应使用塑料涂膜编织袋作外包装。若货物的原包装是用硬纸桶、木桶，桶身两端应有打包带。

(11)纺织类物品　可采用编织袋、布袋、纸箱包装。

(12)精密仪器及电子产品类物品　采用纸箱或全木箱包装，货物与箱壁应预留约 2 cm 的空隙，用缓冲材料填充。

任务单 4-1-2　进一步深入理解不同种类的货品包装要求

任务描述：试分析运输不同种类的货品包装要求。	
文件资料类 托寄物	

服饰类 托寄物	
易碎托寄物	
时令特产类 托寄物	
学号： 姓名： 时间： 年 月 日	

四、货物收取装车时注意事项

(1)货物运输中的质量事故很多是在装卸作业过程中或由于装卸作业质量不好而在运输过程中发生的。货物承运人应监装监卸,使装卸质量得到保证,并尽量压缩装卸作业时间。

(2)要严格遵守到车时间的规定。在许多情况下,承运人的车辆未按时到达装货现场会导致一系列问题。另外,承运人要提前通知托运人装车时间,保证车辆到达后能及时装车,否则也会造成很大的损失。

(3)有些货物装载时需要衬垫、加固,必须照章做到,所需费用由托运人承担。

(4)防止货物装卸时的混杂、污染、散落、漏损、碰撞。严禁有毒、易污染物品与食品混装、危险货物与普通货物混装。

(5)装车货物应数量准确,捆扎牢固,做好防丢措施;卸货时点交清楚,码放整齐,标志向外,箭头向上。

(6)装车前、卸货后,对车厢进行检查和清扫。因货物性质要求,装车前后需对车辆进行特殊清洗、消毒的,必须达到规定要求,所需费用由托运人负担。

(7)装好货物后,要及时盖篷布,防雨淋湿。

任务单 4-1-3　进一步理解货物取货外包车辆管理

任务描述：实业公司有一长期合同运输项目，即“发动机运输项目”，为了减少运输成本，在保证运输服务质量的前提下，该公司通过整合社会运力资源完成了大部分的送货任务。该公司在使用外部车辆时，制订了严格的作业标准，并专门设置了驻现场外业务岗位，以防范运输风险。现场外业务岗位人员的工作内容是：完成车辆进客户生产厂仓库前的车辆检查和车辆证件检查，出厂后再次核对证件与进厂前是否一致；车辆出厂后，进行人、车、货三位一体拍照，留存；现场签订运输承运合同(先期调度员已经谈好价格)；提醒驾驶员途中安全运输注意事项；交代交货注意事项及签单要求；跟踪车、货在途情况，保证货物准时送达。试分析具体装车过程需要注意哪些问题。
学号：　　　　姓名：　　　　时间：　　年　　月　　日

五、提高货物运输装载量的方法

1. 轻重配装

轻重配装是指在保证运送安全的前提下，把轻泡货物和实重货物按比例适当搭配拼装。这样既可使运输工具装足载重量，又能装满容积空间，达到少用车(船)、多运货、节约运力和运费的效果。组织轻重配装，首先要熟悉各种运载工具的形状、容积和载重量；其次要掌握各种商品的包装体积和重量，以及每种商品、每个包装实装货物的数量；最后应用数学方法，计算轻、重货物装载搭配比例和各自的装载重量。

2.解体运输

解体运输是指把整件商品拆解为便于组装的若干部件,采取分别包装、成套装运的一种装载方法。某些形状不规则的货物,由于体积庞大、占用空间多,不便于堆垛、码高,如不实行解体运输,则占用空间较多,浪费车(船)运力,增加运输费用和装卸、搬运的困难,如自行车、缝纫机、台秤等。采用解体装载后,可以压缩货物体积,提高装载量,便于搬运、装卸,加速货物周转。同时,要注意对拆解的那件妥善包装,防止其丢失、损坏,影响货物整体的装配。如若拆解后会影响货物质量,则不允许拆解。

3.紧密装载、巧装满载

紧密装载、巧装满载是指以压缩货车上货物间的空隙为主要特征的各种装载方法,适用于一头大、一头小或规格不统一的货物包装,以及大小、长短混装的货物包装等。装载时根据货车类型和货物包装形状,采取多种装载方法,有头尾对装、大小套装、压缝装载、长短接装、口底套装、粗细套装、内外套装、颠倒装载等。必要时可在货物间加入隔垫物,以免损坏货物,并使装载稳固。

4.散装运输

散装运输是指对运送的货物不进行包装,而以自然形态直接装入车厢、船舶或罐车中进行运输的一种方法,适用于块状、粒状、粉状以及液态的大宗货物,如食糖、粮食、水泥、汽油、煤油等。采用散装运输,不仅有利于提高装载量,节约运费支出,而且可以节省包装材料和费用,减少损耗,确保质量,改善劳动条件和实行机械化装卸,提高劳动生产率。采用散装运输时,运输过程中各环节必须具备相应的散装设备,有关部门应密切配合与协作,才能顺利完成运输任务。

5.多层装载

多层装载是指在货车上设置可以分解、组合的栅栏,中间有双层或多层的架子,把可供使用的空间分隔成双层或多层,用以装载货物的一种装载方法。一般适用于活猪、牛、羊、家禽等的运输。

6.加宽、加高装载

加宽、加高装载是指在保证货物和车辆运行安全的原则下,使用辅助器材,使车厢加宽、加高、加长,以达到满载的一种方法,主要适用于堆装轻泡货物。有些轻泡货物在车厢内堆装,达不到货车的载重量。采用活动加宽器可以多装货物,而且可以保证货物运输安全,如毛竹、杂木杆、矿笆条等。有些货物体大腹空,容易滑动破损,只能装平车厢高度为止,达不到车厢标记载重,如瓦罐、砂锅等陶瓷制品,若采用活动加高栏可以提高装载量80%左右。

六、货物标签粘贴的原则及注意事项

1.货物标签粘贴的原则

(1)1件货物贴1个标签;

(2)标签应清晰明了;

(3)标签应粘贴牢固;

(4)标签应粘贴在规定位置。

2. 货物标签粘贴注意事项

(1)标签上不能粘胶纸,否则会导致字迹消失;

(2)标签打印数量要与开单数量一致,不能随意补打;

(3)货物码放时标签必须朝外;

(4)标签内容要与实际货物一致。

3. 各类货物标签粘贴标准

(1)纸箱包装的货物　标签应粘贴在纸箱最小面的右上角;有打包带的纸箱,打包带不应遮挡条码,堆码不应该遮挡标签;用两条打包带的,标签应粘贴于中上区域,不应粘贴在打包带上和箱体中间。

(2)长条圆柱形货物　标签统一粘贴在货物一端,并且要顺着货物长度的方向粘贴。

(3)编织袋包装的不规则货物　应使用挂签,且要挂在货物正常摆放时袋口部位。编织袋包装的规则货物,则按照纸箱包装货物的粘贴方法进行粘贴。注意:必须在编织袋外围缠绕透明胶带,将标签粘贴在透明胶带上。

(4)扁平类货物　标签应粘贴在货物上方,俯视时在右上角区域。

(5)打木架包装的规则货物,当包装紧贴木架时,可以将标签粘贴在纸箱上,具体粘贴方法同纸箱;打木架包装的不规则货物,正确粘贴在木架最小面的木板上,用透明胶缠绕 3 圈,将标签粘贴在透明胶上。

(6)异形货物和轮胎　应用透明胶缠绕货物 3 圈,将标签粘贴在透明胶上。

任务单 4-1-4　理解货物标签粘贴的原则及注意事项

<table>
<tr><td colspan="2">任务描述:根据货物标签粘贴的原则和注意事项,试分析下列货物标签粘贴是否正确。(正确的打"√",错误的打"×")</td></tr>
<tr><td>纸箱包装货物</td><td>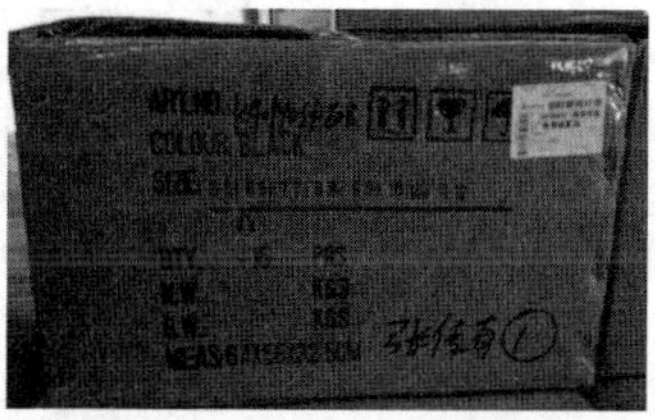 (　　) 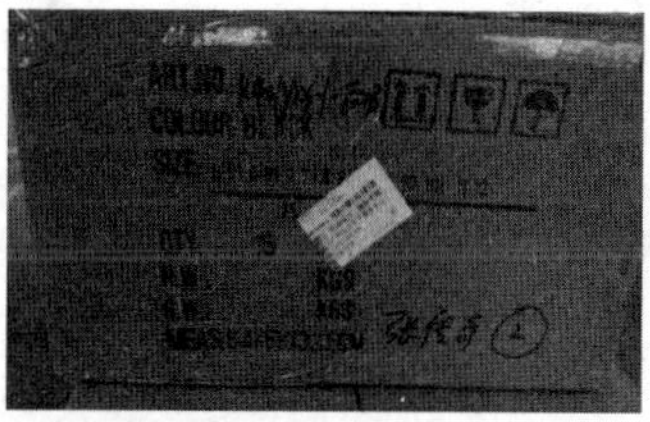 (　　)</td></tr>
<tr><td>有打包带的纸箱</td><td> (　　)  (　　)</td></tr>
</table>

有两条打包带的纸箱	 （　　）  （　　）
圆柱形货物	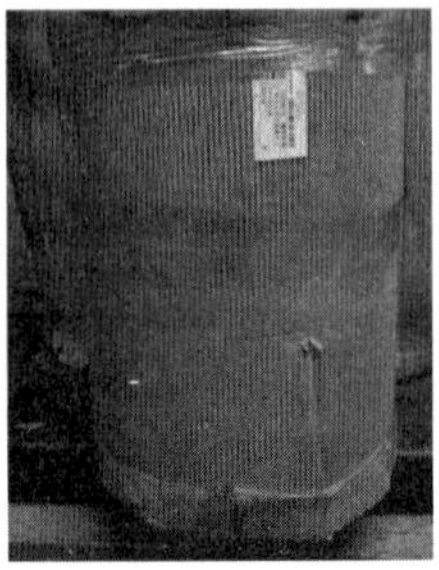 （　　）  （　　）
编织袋包装的货物	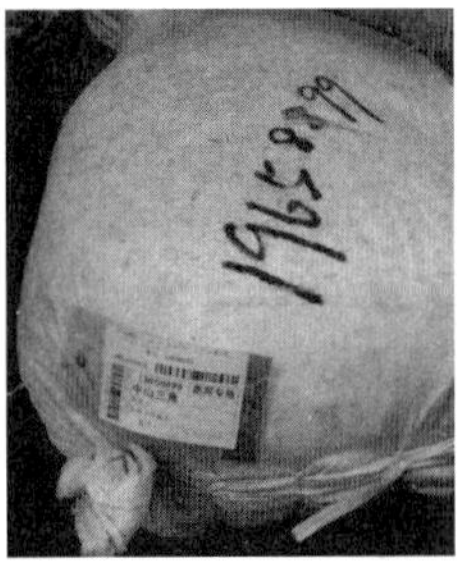 （　　）  （　　）
打木架包装的货物	 （　　） 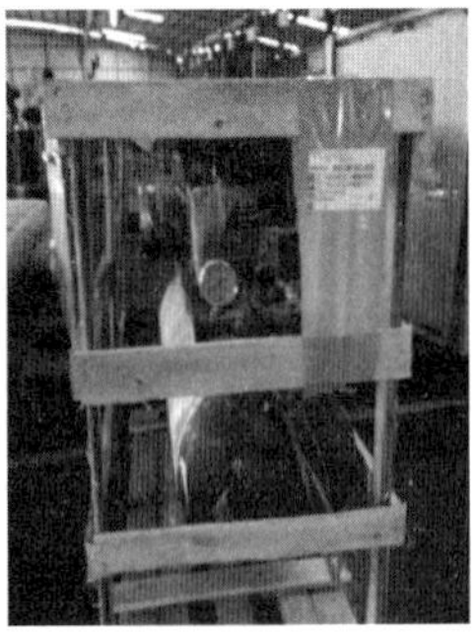 （　　）
学号：	姓名：　　　　　　　　时间：　　年　　月　　日

任务测评

货运员王海应根据调度员的作业指令完成上门取货作业，请先认真思考再回答下面的问题：

1. 取派司机到达客户提供的取货地址并与客户进行货物交接，验视货物时需要跟客户核对哪些内容？具体的取货操作流程是怎样的？
2. 收发货物时，大家有没有注意过货物上都贴有哪些标签呢？你知道各种标签的粘贴方法吗？
3. 取件员上门取件时，标准服务用语包括哪些？
4. 取件人员在外出取件的时候个人仪容仪表应符合哪些要求？

任务 2　货物派送流程及注意事项

学习导入

王海是物流货运中心的调度员，有一批货物需派送，货物信息如表 4-2-1 所示。

表 4-2-1　待派送货物信息

项目	任务 1	任务 2	任务 3	任务 4
收货人	张军	刘伟达	王浩	郑伟东
联系方式	010-657 ** 842	1365 **** 929	1392 **** 876	010-532 ** 732
收货地址	北京市海淀区中关村一街 23 号	北京市海淀区西三旗中街 2 号	北京市朝阳区百子湾石门村路一号	北京市海淀区学院路高梁桥斜街 45 号
收货时间	2024.2.23，15:00 前	2024.2.23，12:00 前	2024.2.23，17:00 前	2024.2.23，17:00 前
货物名称	方便面	望远镜	龙井茶	相机
单位	箱	箱	箱	箱
包装规格/m	0.345×0.345×0.24	0.285×0.385×0.27	0.345×0.345×0.22	0.380×0.480×0.20
体积/m^3	0.171	0.119	0.143	0.120
重量/t	20	12	25	15
数量	6	4	5	3
备注				

根据待派送作业信息，调度员应制定最佳的取（派）作业路线，合理安排取派作业车辆和司机。同时，调度员应打印取（派）通知单交予取派司机，并妥善地与取派司机进行任务交接工作。

接受派送任务的取派司机应根据取（派）通知单的具体作业顺序要求，在规定时间内到达客户处进行派送作业，并及时反馈派送信息。

项目四　任务 2
参考答案

任务分析

主要理解派送货物出站作业流程，能够根据具体任务背景结合货物装车操作规范和派送快件交接要求，选择适合的方法进行派送。

任务目标

1. 掌握派送货物出站作业流程；
2. 掌握货物卸货操作规范；
3. 掌握派送快件交接要求。

任务操作

一、派送货物出站作业流程

站点派送货物有两种情况，即送货上门、客户上门提货。

1.送货上门作业流程

(1)调度员根据待送货物情况，给送货员制订送货计划(送货单)。

(2)分配送货任务，同时将托运单的收货人签收联(签单)、收货人留存联交予送货员，并交代签单要求及注意事项。

(3)送货员与客户联系送货事宜，如是否需要开发票。如需开发票，送货员在出发前要向相关部门和人员索要发票。

(4)送货员持单找现场业务员装车，现场业务员根据送货计划核对货物信息并安排装卸人员装车，装车过程中送货员需核对数量，确认无误后，送货员需在出库单上签字确认。

(5)送货车装车完毕后，站点调度员通过信息系统确认送货计划，并打印送货单，送货员及现场业务员在送货单上签字。

(6)送货车出发后，站点调度员要随时跟踪送货车辆，了解送货车辆送货情况，及时处理突发事件。

(7)送货车快到送货地点时，送货员要与收货人联系，通知收货人安排接货事宜。

(8)送货车到达送货地点后，送货员要把货物送达客户指定位置，要求收货人验收，若有异常情况在送货单、托运单上备注，且要求收货人在单据上签字，将托运单的收货人留存联交给收货人，收回收货人签收联，并向收货人收取到付运费(将发票转交)。

(9)送货完毕返回后，送货员将签单交给单据管理员。

(10)送货员将收取的运费上交相关人员并办理交款手续。

(11)站点调度员根据送货情况在信息系统上确认每票货物的送货信息及收费情况。

想一想

站点送货作业的目的是什么？
答：

为了有利于业务操作的标准化管理，站点的所有作业以货物流、信息流及单据流为线索，细分为以下四个作业模块。

(1)站点接货　货物从发货人仓库到本站点仓库。

(2)站点发车　货物从本站点仓库出库到装入本站点发送班车上。

(3)站点接车　货物从到达本站点班车上卸下到存入本站点仓库。

(4)站点送货　货物从本站点仓库到收货人仓库。

想一想

站点送货作业涉及的岗位人员有哪些？
答：

任务单 4-2-1 进一步理解站点派送货物上门作业流程

任务描述：根据货物派送货物流程，试绘制派送货物上门作业流程图。		
学号：	姓名：	时间：　　年　　月　　日

2. 客户上门提货作业流程

(1)调度员通知客户提货地点、进门要求及询问相关的事宜，如是否需要开发票等。

(2)客户到达后，调度员核实提货人身份并要留存提货凭证(身份证明或委托书等文件)。

(3)调度员安排现场业务员与客户交接货物。

(4)调度员安排收款人员收取到付运费。

(5)调度员要求提货人在托运单(托运单的收货人签收联、收货人留存联)上签字确认；托运单的收货人留存联交给提货人，签单交给单据管理员。

(6)调度员在信息系统上确认已提货物信息及收费情况。

任务单 4-2-2　进一步理解客户上门提货作业流程

任务描述：根据货物派送流程，试绘制派送货物客户上门提货作业流程图。
学号：　　　　　　　姓名：　　　　　　　时间：　　　年　　月　　日

二、站点派送货物时的注意事项

到达本站已是终点的货物，站点应将货物登记入“货物到货登记表”，对客户自提货物，要在 12 小时内通知收货人取货，并做好记录备查。自通知收货人次日起，货物免费保管期限不得少于 3 天。对送货上门货物，站点应立即组织送货上门工作，保证货物按时送达。

货物交付中发现包装破损或对货物的数量、质量存在质疑时，托运人、承运人或收货人均可提出查验、复磅，由此产生的货损货差由责任方承担。托运人委托承运人代收货款的，零担承运人应建立代收货款资金流转程序以及相应的风险控制措施，并在规定返款日期内，将货款返还托运人。对于收货人地址不详或查无此人、收货人迁址或单位撤销、收货人死亡又无合法收货人、拒收货物或拒付费用、超过 3 个月无人提取的货物，属无法交付货物，由承托双方协商处理。

任务单 4-2-3　作为一名取派司机，应当怎样完成现场派送工作

任务描述：大家应当都有从网上购物的经历，通常网上购买的货物会由相应的快递公司进行派送。当你接收快递公司派送的货物时，快递员一般会让你对快递包裹进行检查。同样，货运公司的取派司机将货物派送到客户手中时，也会要求客户对货物进行检查，根据你的经验想一想，取派司机通常都会提醒客户检查哪些内容呢？
学号：　　　　　　　姓名：　　　　　　　时间：　　　年　　月　　日

三、货物卸货时的注意事项

班车到站时，站点现场业务员应向随车理货员或驾驶员索取货物交接清单以及随附的有关单证，两者要注意核对，如有不符，应在交接清单上注明不符情况，还要检查车门、车窗及敞车的篷布覆盖、绳索捆扎有无松动、漏雨等情况，确认货物在运送过程中的状态和完整性，以便在发生货损货差时划清责任并防止误卸。

若有票货不符情况，处理原则如下：

(1)有单无货，双方签注情况后，在交接单上注明，原单返回。

(2)有货无单，确认货物到站，收货后仓库保管员签发收货清单，双方盖章，清单寄回起运站。

(3)货物到站错误，将货物原车运抵起运站。

(4)货物短缺、破损、受潮、污染、腐坏时，均不得拒收，但应在交接清单上签注并写明处理记录。双方共同签字确认，填写事故清单。

任务单 4-2-4　作为一名取派司机，货物无法派送时应该怎么做

任务描述：某一天，你接到取派司机的电话告知你今天将会有一个包裹送达，但你突然有件急事需要外出处理，导致你忽略了即将送货上门的货物。那么，当取派司机按照约定时间到达约定地点时，将出现货物无法派送的情况。当取派司机遇到货物无法派送的情况时，应该采取什么措施呢？		
学号：	姓名：	时间：　　年　　月　　日

四、检查货物的方法

发现应包装的货物没有包装或应有内包装而只有外包装的，应请货主重新包装。对包装不良或无包装但不影响装卸及行车安全的，经站点同意可予受理，但应请货主在托运单中注明包装不良状况及损坏免责事项。对使用旧包装的应请货主清除旧标志、旧标签。

检查货物的方法具体如下。

(1)看　包装是否符合相关规定要求，有无破损、污迹。笨重货物外包装上面是否用醒目标记标明重心点和机械装卸作业的起吊位置。

(2)听　有无异声。

(3)闻　有无不正常的气味。

(4)摇　包装内的衬垫是否充实,货物在包装内是否晃动。

检查货物是十分琐碎的工作,但极为重要。如果在接收货物时检查疏忽,就会使原来已经残破短少或变质的货物进入运送流程,不仅加剧货物的损坏程度,也不能保证承运期间的安全,而且会转化为运输部门的责任事故,影响企业信誉,造成损失。

任务单 4-2-5　检查货物的方法

任务描述:你从网上购买了几本书籍,当取派司机将书籍送达时,你发现纸箱外面已被雨水淋湿,开箱检查后发现好几本书籍发生了破损,因此你对该批书籍进行了拒收。这其实是异常签收的一种,请根据生活经验,说一说常见的异常签收情况有哪些。
学号:　　　　姓名:　　　　时间:　　年　　月　　日

五、货物交接管理制度

为防止公司承运货物的货损、货差,保证公司业务的服务质量,减少公司不必要的支出,应制定货物交接管理制度。

(1)客户货物到达后,必须认真查验货物数目、货物外包装和封口是否完好,发现任何问题,马上跟客户说明。

(2)仓管员必须认真监督货物的清点、查验和装卸。清点必须做到数目跟运单相符;查验必须做到不存在已破损货物;装货必须做到货物堆放整齐,整批件、单件、大件及液体物件应分类并按货物要求和按规定的位置小心摆放,易破易碎的货物放在其他货物上面或加保护措施,并保证车辆的完全施封、车辆帆布完好和及时安排发货。

(3)电脑操作员必须按照货物运单认真粘贴标签。

(4)以上工作由仓管员和经理确认,并认真填写"货物交接确认表"中相关事项,并将此表跟运单一并交给当班司机转交终点站。

(5)货物到达终点站后,收到"货物交接确认表"2 小时内,必须回传"核查情况说明"。

(6)终点站货物到达后,必须认真查验车辆施封及帆布是否完好,发现任何问题,马上通知起运站。

任务测评

王海现在沈阳区大连站点接到一客户订单,要求及时将货物运出。客户订单内容如下:大连红星灯具公司(大连市甘井子区松江路 56 号),现有 11 箱灯具(体积 2 m^3,重量 360 kg),需要运到长春市万和(路灯)电力设备有限公司(长春市四马路28号)。要求两天内送到收货人手中,结算方式为凭签单付费。

完成客户货物运输作业操作,写出相应步骤。		
学号:	姓名:	时间: 年 月 日

项目五 货运中心现场管理

任务 1 入站集货

学习导入

物流货运中心取派司机王海完成取货作业任务后返回货运中心。取派司机王海取回的货物具体信息见表 5-1-1。

表 5-1-1 货物信息

运单号	发货人信息	收货人信息	货物信息
1089811511210	发货人:王志远 地址:北京市海淀区紫竹院路 29 号 联系方式:010-639 ** 23	发货人:朱云霞 地址:河北省石家庄市长安区裕华东路 177 号 联系方式:0311-654 ** 8	文件夹 5 箱,25 kg,0.174 m^3
1089811512610	发货人:赵铭 地址:北京市海淀区大钟寺路 132 号 联系方式:010-533 ** 76	发货人:李静 地址:广州市白云区机场路 379 号 联系方式:020-365 ** 24	康师傅方便面 4 箱,34 kg,0.117 m^3
1089811515010	发货人:刘成 地址:北京市海淀区学院路 61 号 联系方式:137 **** 5457	发货人:张琦 地址:广州市海珠区赤岗石榴岗路 13 号 联系方式:020-388 ** 74	男士钱包 3 箱,38 kg,0.057 m^3

取派司机王海带回来的取(派)通知单如表 5-1-2 所示。

表 5-1-2 取(派)通知单

<table>
<tr><td>单号</td><td colspan="2">TD0010221</td><td>操作站</td><td colspan="2">北京站</td></tr>
<tr><td rowspan="2">资源</td><td>车辆</td><td>京 B53927</td><td>车型</td><td colspan="2">东风</td></tr>
<tr><td>司机</td><td>王海</td><td>预计发车时间</td><td colspan="2">2024.2.19 09:00:00</td></tr>
<tr><td>总数量</td><td>12 件</td><td>总重量</td><td>97.0 kg</td><td>总体积</td><td>0.348 m^3</td></tr>
</table>

<table>
<tr><td colspan="8">客户信息</td></tr>
<tr><td>订单/运单号</td><td>顺序号</td><td>地址</td><td>电话</td><td>姓名</td><td>取派类型</td><td>是否报单</td><td>是否收款</td></tr>
<tr><td>1089811
511210</td><td>1</td><td>北京市海淀区
紫竹院路 29 号</td><td>010-6397
** 23</td><td>王志远</td><td>在取</td><td>否</td><td>否</td></tr>
</table>

续表 5-1-2

订单/运单号	顺序号	地址	电话	姓名	取派类型	是否报单	是否收款
1089811 512610	2	北京市海淀区 大钟寺路 132 号	010-5334 **76	赵铭	在取	否	否
1089811 515010	3	北京市海淀区 学院路 61 号	137 **** 5457	刘成	在取	否	否

货物信息

订单/运单号	货品名称	件数	重量	体积	备注
1089811511210	文件夹	5	25 kg	0.174 m^3	
1089811512610	方便面	4	14 kg	0.117 m^3	
1089811515010	男士钱包	3	38 kg	0.057 m^3	
制单人		填表时间	2024 年 2 月 17 日		

接下来，取派司机需要与现场操作员进行入站交接，现场操作员需要完成货物的集货分拨作业。

任务分析

主要理解入站集货交接的检查内容，能够根据具体任务背景选择适合的方法进行入站集货交接，并分析货物入站集货的注意事项。

任务目标

1. 掌握入站交接的作业流程；
2. 掌握单据交接的作业流程；
3. 掌握货物入站集货的注意事项。

项目五　任务 1
参考答案

任务操作

一、入站集货

入站集货是由场站员与取货司机、取货货运员、装卸工共同协作完成的场站集货作业。

想一想

入站集货作业的两种模式是什么？
答：

货物运输需要等待凑整车，尤其是需要长距离运送的货物，等待集货的时间可能会更长，因而速度慢。针对货物运输的这一特点，中转换装作业应运而生，即在货物起点和终点之间设立中转站，卸货后与同方向的货物配装再继续运送。

二、入站集货作业流程

1. 单据交接审核

场站货运员指挥取货司机将车停靠在进货站台。取货货运员将运单和取(派)通知单交予场站货运员,场站货运员持集货单审核运单和取(派) 通知单,确认集货内容。

2. 扫描验收

场站货运员组织装卸工进行卸车作业,同时逐批点验货物。验收无误后,在取(派)通知单上签字确认,并留存备份。

3. 入库堆垛

一名场站货运员指挥装卸工将验收完毕的货品搬入发运货位。另一名场站货运员在复核无误后,封垛标识。

4. TMS入站扫描

场站货运员负责在集货单上逐票签字确认,并在手持终端运输管理系统(TMS)中对相应运单做入站扫描,然后将集货单连同运单传递给站务员。

5. 返还单据

取货货运员到执行调度员处签到,并将运单和取(派)通知单相应联返还给执行调度员。

想一想

站点接货作业的目的是什么?
答:

任务单 5-1-1 入站货物的标签

任务描述:现场业务员需要根据托运单为零担货物填制标签。零担货物的标签、标志能够建立货物本身与其运输票据间的联系,标明货物本身性质,是理货、装卸、中转、交付货物的重要识别凭证,那标签具体应包括哪些内容呢?		
学号:	姓名:	时间: 年 月 日

三、入站交接的作业流程

入站交接有两种情况：客户要求站点上门提货或客户上门发货。

1. 站点上门提货作业流程

(1)调度员了解客户的发货信息，如货物的体积、重量、目的地、时间要求等。

(2)调度员根据站点提货车的使用情况、货物状况、提货时间，安排车辆、人员提货。调度员需将提货要求事先告知提货员，并开具派车单交予驾驶员作为出门凭证。

(3)提货车到达客户指定提货地后，提货员核实货物信息，并填制托运单(图 5-1-1)。

货物运输托运单

(代承运协议书)　　　　(存根)

日期：　年　月　日　　　　发站：　　　　到站：　　　　No：

<table>
<tr><td rowspan="2">托运人</td><td colspan="2">单位：</td><td rowspan="2">收货人</td><td>联系人：</td><td colspan="3">单位：</td></tr>
<tr><td colspan="2">电话：</td><td>电话：</td><td colspan="3">地址：</td></tr>
<tr><td>货物名称</td><td>件数</td><td>总重量/t</td><td colspan="2">包装规格</td><td>保费/元</td><td>运费/元</td><td>备注</td></tr>
<tr><td></td><td></td><td></td><td colspan="2"></td><td></td><td></td><td></td></tr>
<tr><td></td><td></td><td></td><td colspan="2"></td><td></td><td></td><td></td></tr>
<tr><td></td><td></td><td></td><td colspan="2"></td><td></td><td></td><td></td></tr>
<tr><td colspan="4">合计费用：(大写)　　　　￥</td><td>结算方式</td><td colspan="3"></td></tr>
<tr><td colspan="6" rowspan="2">协定事项：
1. 托运人必须如实填写货物名称、件数、重量及收货人的详细地址和电话，并出具托运货物的合法手续。
2. 所托运货物外包装必须完好无损、易燃、易爆物品必须声明。国家法律法规禁运物品，本公司概不受理。
3. 托运人托运的货物应上全额保险，如有货物损坏丢失，按照有关规定和损坏的程度确定赔偿金额，但最高赔偿额不能超过保险金额，没按规定上全额保险的，托运人自负，如遇特殊原因需赔偿的，每千克按人民币 5 元赔偿，最多不超过 10 元/kg。
4. 货到指定地点，收货人当场清点验收，如收货人当场对本批货物没有提出异议可视为本次货物安全到达。
5. 托运人和收货人如有查询、索赔或其他事宜，应在本单开出之日起十五日内提出，过期本公司概不受理。</td><td colspan="2">经办人签字：</td></tr>
<tr><td colspan="2" rowspan="2">托运人特约事项
本协议双方签字认可，具有同等法律效力。</td></tr>
<tr><td colspan="3">托运人签字：</td><td colspan="3">托运人电话：</td></tr>
</table>

第一联　存根　第二联　客户　第三联　随车同行

图 5-1-1　托运单示例

(4)提货员根据实际情况，对货物过磅(量方)后收取预付运费，承托双方在托运单上签字确认后将托运单的托运人留存联留给托运人。

想一想

过磅(量方)的意义是什么?
答:

(5)提货员把货物安全合理地装上提货车,返回站点或到下一个提货点继续提货。

(6)提货车返回站点后,提货员与现场业务员进行货物、运单的交接,现场业务员核查单货是否一致,审核重量、体积,并查验货物状况是否符合运输条件后,在货物交接单(表5-1-3)上签字确认。

表5-1-3　货物交接单

日期:　　　承运驾驶员:　　　承运车辆:　　　签封号:

发货站点	货物名称	送货地点	体积	件数	备注

现场业务员:　　　　提货员:

(7)现场业务员根据货物目的地、运单号、件数等信息填制标签,并将标签贴在货物表面(200件以上的货物可不贴标签),然后安排装卸人员将货物堆放到指定的位置(根据货物方向分区存放)。

(8)现场业务员将托运单的承运人留存联交给录入员,托运单的其他联交给调度员。

(9)录入员将托运单内容及时录入信息系统,并将录完的托运单交给调度。

(10)提货员将收取的预付运费整理后,交信息统计员,并索要收款收据。

(11)信息统计员整理当日的交款明细上交财务并索要收据。

2.客户上门发货作业流程

(1)调度员告知客户送货地址、联系电话及进门要求并定时跟踪。

(2)客户将货物送达后,调度员根据货物的实际情况(体积、重量、品项、发货人信息、收货人信息、结费方式、保险等信息)填写托运单,并要求客户在托运单上签字确认所有条款。

(3)信息统计员根据实际情况收取预付运费,并将托运单的托运人留存联交给客户。

(4)客户与现场业务员进行货物、托运单的交接,现场业务员核查单货是否一致,审核重量、体积,并查验货物状况是否符合运输条件,无误后,在交接单上签字确认。

(5)现场业务员根据货物目的地、运单号、件数等信息正确填制标签,并将标签贴在货物表面,然后把货物堆放在指定位置。

(6)现场业务员将托运单的承运人留存联交给录入员,托运单的其他联交给调度员。

(7)录入员将托运单内容录入信息系统,并将录完的托运单交给调度员。

(8)信息统计员整理当日的交款明细,将款项上交财务并索要收据。

任务单 5-1-2 取派司机取货返回货运中心后,场站人员应怎样进行交接

任务描述:在入站集货的过程中,场站人员与取派司机进行货物交接时,也需要对货物进行检查。结合生活实际,试分析现场操作人员需要核对哪些内容。		
学号:	姓名:	时间: 年 月 日

四、货物入站集货的注意事项

货物验收入库集货是站点对货物履行运输责任的开始。把好验收关,才能有效减少差错。验收时必须逐件查收,按指定货位堆放。货物仓库应严格划分货位,一般可分为待运货位、急运货位、到达待交货位等。堆码整齐,经复点无误后在托运单上注明货位,经办人签章后生效。仓库的货位配置可根据通道位置分成一列式排列和双列式排列。货物仓库要具备良好的通风能力、防潮能力、防火和灯光设备及安全保卫能力。此外,还应注意以下事项:

(1)凡未办理托运手续的货物,一律不准进入仓库。

(2)认真核对托运单、货物,坚持照单验收入库。

(3)货物必须按流向堆码在指定的货位上。

(4)一批货物不要堆放两处,库内要做到层次分明、留有提货操作通道、互不搭肩、标签向外、箭头向上。

(5)露天堆放的货物要注意下垫上盖。

同时,要经常检查仓库四周,不可将有碍货物安全的物品堆放在仓库周围,保持仓库内外整洁。另外,货物在仓库待运期间,要经常对其进行检视核对,以票对货,票票不漏。

任务单 5-1-3　取派司机取货返回货运中心后，场站人员后续的入站集货作业

<table>
<tr><td colspan="3">任务描述：货物入站集货后，有的货物不能及时被运输出去，就需要对货物进行存储，货物仓库应严格划分货位，一般可分为待运货位、急运货位、到达待交货位等。试分析对于需要暂存的货物操作要点有哪些？</td></tr>
<tr><td colspan="3"></td></tr>
<tr><td>学号：</td><td>姓名：</td><td>时间：　　年　　月　　日</td></tr>
</table>

任务测评

取派司机王海取货返回货运中心后，场站人员应当怎样与他进行交接，并完成后续的入站集货作业呢？请认真思考并回答下面的问题。

<table>
<tr><td colspan="3">任务描述：你有没有过这种经历，本来需要发送到某城市的货物不知道什么原因发送到另一个城市去了，运输公司经过多次中转才发送到正确的城市，造成了货物送达的延误。这很可能是物流公司的现场操作员进行货物分拣作业时发生了失误。那么，现场操作员在进行分拣作业时，需要掌握哪些知识，才能尽量避免货物分拣错误呢？</td></tr>
<tr><td colspan="3"></td></tr>
<tr><td>学号：</td><td>姓名：</td><td>时间：　　年　　月　　日</td></tr>
</table>

任务 2　货物发运

学习导入

物流货运中心调度员王海接到作业通知，北京—广州这条班车线路上的所有货物全部集货完成。

物流货运中心的运力信息如表 5-2-1 所示。

表 5-2-1　运力信息

运力编号	车牌号	司机	车型	长/m	宽/m	高/m	载重/t	目的地
1	京 A70563	王海	9.6 m，单桥，全封闭	9.6	2.4	3	10	广州
2	京 A37219	刘强	12.5 m，单桥，全封闭	12.5	3	4	20	上海
3	京 B70469	王浩然	12.5 m，单桥，敞车	12.5	3	4	20	成都
4	京 B32093	高玉东	9.6 m，单桥，全封闭	9.6	2.4	3	10	哈尔滨
5	京 N57098	陈虎	9.6 m，单桥，半封闭	9.6	2.4	3	10	乌鲁木齐

物流货运中心的班车路线信息如表 5-2-2 所示。

表 5-2-2　班车路线信息

路线概述	运力编号	中转站 1	中转站 2	目的站
北京—广州	1	石家庄	郑州	广州
北京—上海	2	无	无	上海
北京—成都	3	西安	无	成都
北京—哈尔滨	4	无	无	哈尔滨

该批待发运货物的基本信息如表 5-2-3 所示。

表 5-2-3　待发运货物信息

运单号	发货人信息	收货人信息	货物信息	货物状态
1089811511210	发货人：王志远 地址：北京市海淀区紫竹院路 29 号 联系方式： 010-639 * *523	发货人：朱云霞 地址：河北省石家庄市长安区裕华东路 177 号 联系方式： 0311-654 * * 08	文件夹 5 箱，25 kg，0.174 m^3	已集货完成，放置于干线暂存区（石家庄）。
1089811512610	发货人：赵铭 地址：北京市海淀区大钟寺路 132 号 联系方式： 010-533 * * 676	发货人：李静 地址：广州市白云区机场路 379 号 联系方式： 020-365 * * 824	康师傅方便面 4 箱，34 kg，0.117 m^3	已集货完成，放置于干线暂存区（广州）。

续表 5-2-3

运单号	发货人信息	收货人信息	货物信息	货物状态
1089811515010	发货人:刘成 地址:北京市海淀区学院路 61 号 联系方式: 1370＊＊＊＊457	发货人:张琦 地址:广州市海珠区赤岗石榴岗路 13 号 联系方式: 020-388＊＊574	男士钱包 3 箱,38 kg,0.057m^3	已集货完成,放置于干线暂存区(广州)。

调度员王海应当根据班车路线信息,选择合适的运力并及时下达发运通知,打印公路运输交接单,并由现场操作员完成装车和货物发运作业。

任务分析

完成此任务,需要学习干线发运的主要流程、干线发运货物的现场处理、装车发运交接要点和发运出站流程。

任务目标

1. 掌握干线发运货物的处理;
2. 掌握干线发车作业流程;
3. 掌握货物装车规范及车辆施封。

项目五　任务 2
参考答案

任务操作

一、干线发运货物的处理

1. 货物的固定方法

货车运输的时候,车厢内的货物之间、货物与厢壁之间如有间隙,则货物在运输过程中极易窜动、挪动、倾斜,从而造成货物被挤压、倒塌,甚至造成人身伤害。因此,厢内货物必须被固定在各自的位置上。货物固定就是使运输货物在车厢内不产生位置移动的作业。常用的货物固定方法有支撑、塞紧以及捆绑三种。

(1)支撑　用方形木条等支柱使货物被固定(图 5-2-1)。

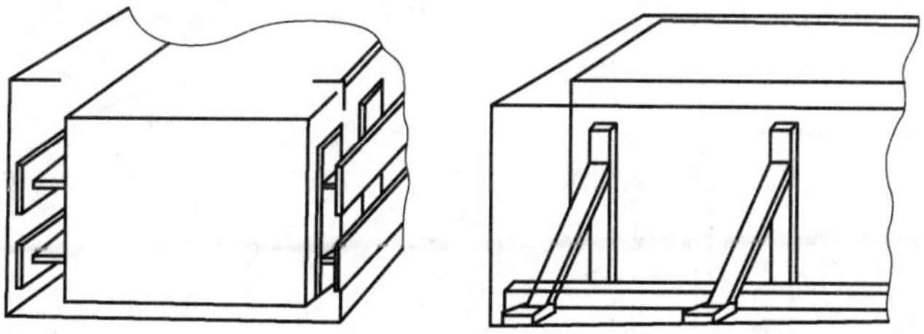

图 5-2-1　支撑

货物装满箱子的支撑。一般先要用旧托盘或胶合板把货物端部挡住,然后用立柱或撑挡把托盘撑牢。装载轻货时,只要在车厢的前后方向压住就行。

如果装箱的货物宽度较大,车厢内横向只能放一件时,则货物应放在中央,从两侧进行支撑。

货物支撑时还必须注意要避免支撑在侧壁板、端壁板或厢门板上，因为这些地方的强度比较弱，不能直接承受局部的集中负荷，应尽量使其支撑在角柱、角件、端柱和侧柱上。

(2)塞紧　货物与车厢侧壁之间用方木等支柱在水平方向加以固定，货物之间插入填塞物、缓冲垫、楔子等防止货物移动(图 5-2-2)。

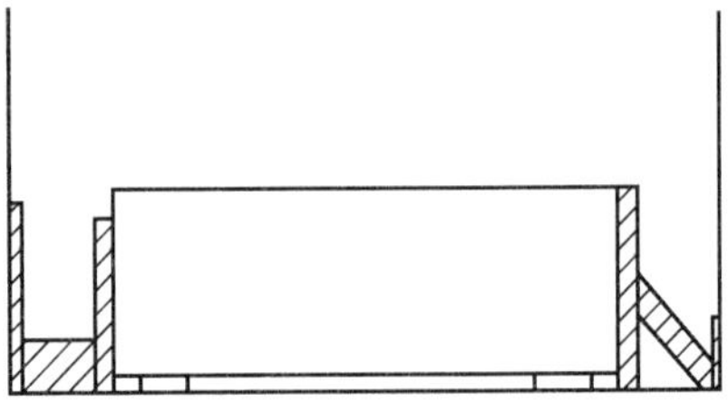

图 5-2-2　塞紧

对于重心比较低、往往在厢内只能装一层的重货，只要用方形木块塞紧就可以了。如果靠侧面阻挡还不放心，可再加上支撑等其他固定方法。

小型瓦楞纸板箱的装载，如果车厢内必须留有一定的空隙，应在厢壁两侧或货物中央的中心线上用木板或其他填充物进行塞紧(图 5-2-3)。装载小型纸箱货(特别是比较重的)和装货后货物高低不平时，则应在充气垫两侧的货端插入胶合板，使货物的重量均匀分布在充气垫上。

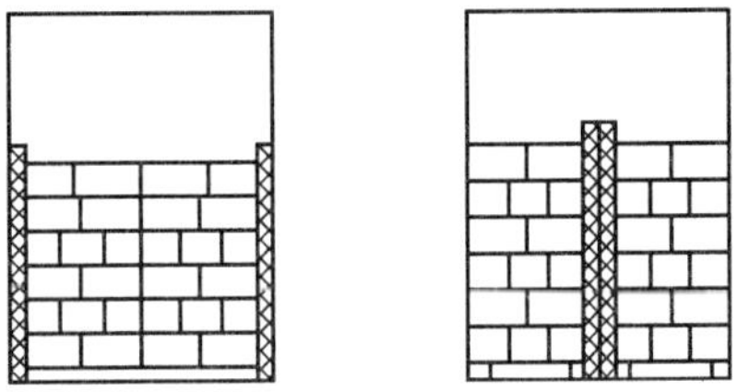

图 5-2-3　小型瓦楞纸板箱的装载

装载像线圈、辊筒等静止状态下不稳定的货物时，一般要先用钢丝绳或钢带拉紧，然后在下面垫上木楔子(图 5-2-4)。由于这些货物通常是重货，如果单独使用钢丝绳和木楔尚不能固定，则必须在垫上木楔以后再在货物的两端用木条和木块塞紧，方能把货物牢牢地固定住。

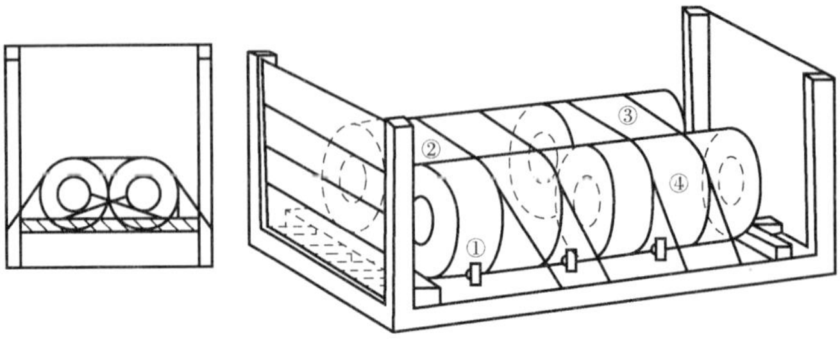

图 5-2-4　线圈、辊筒的装载

(3)捆绑　所谓捆绑，是利用绳索、带子或网络等索具，与货车厢上的环、孔眼等附件系紧货物的一种固定方法。

2. 货物的固定材料

(1)衬垫材料　木板能保护包装强度较弱的货物,有时在货物之间需临时加上用木板做的间壁。

方形木条或木块,对于不能满载的货物,或装载货物与箱壁之间不得不留有空隙的时候,就需要在货物与箱壁之间用方形木块塞紧或撑牢。

胶合板是一组单板,通常按相邻层木纹方向互相垂直组坯胶合而成,通常其表板和内层板对称地配置在中心层或板芯的两侧,胶合板重量轻、不易变形,施工方便,横纹抗拉性能好。

(2)系绑材料及用具　由于运输中的摇摆和冲击,货物系紧后有时还会产生松弛。因此,装车时一定要充分拉紧,并最好采用有伸缩性的材料。在进行绑缚时要考虑到包装的强度和货物边缘处不产生集中负荷,故在货物包装的角上要用衬垫加以保护,防止货物破损。

实践经验证明,钢丝绳是系绑重货时最安全的锁具。系紧时一般在钢丝绳中间安上花篮螺丝,便于把钢丝绳拉紧。

纤维索适用于较轻货物的系绑。绑缚如汽车等不能用人力充分系紧的货物,可采用等斜式铰接系绑法。

钢带具有一定的强度,但其伸缩性小,封口器一松就要滑动,故利用封口器固定前必须把钢带充分拉紧。

尼龙绳伸缩性较大,是一种较好的系绑材料,但价格高。大部分系绑用的尼龙绳其宽度约77 mm,两端装有钩头,中间有调节长度的带扣,是能反复使用的一种专用工具。

任务单 5-2-1　干线发运货物的处理,货物的固定方法

任务描述:装载小型纸箱(特别是比较重的)和装货后货物高低不平时,则应在充气垫两侧的货端插入胶合板,使货物的重量均匀分布在充气垫上。下面哪种塞紧方法是正确的?(正确的打"√",错误的打"×")

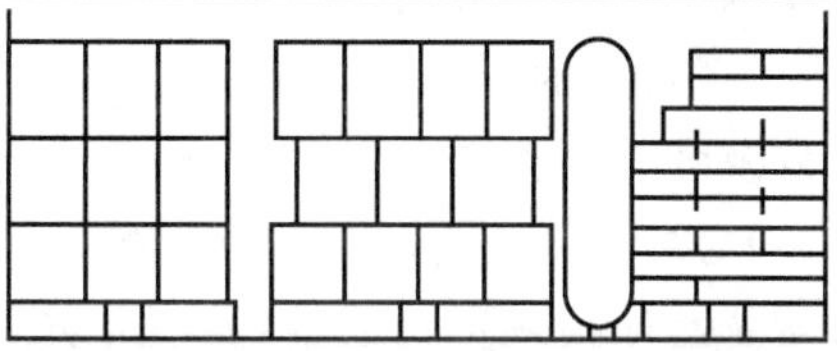

(　　　)

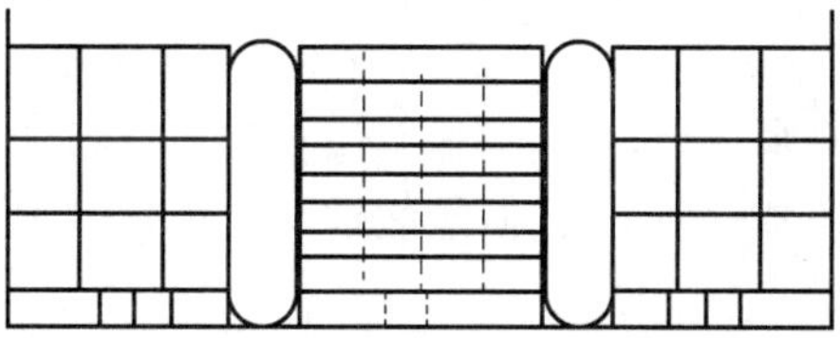

(　　　)

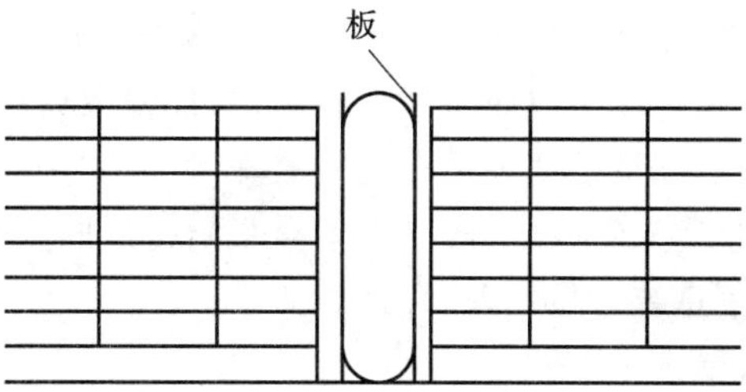

(　　　)

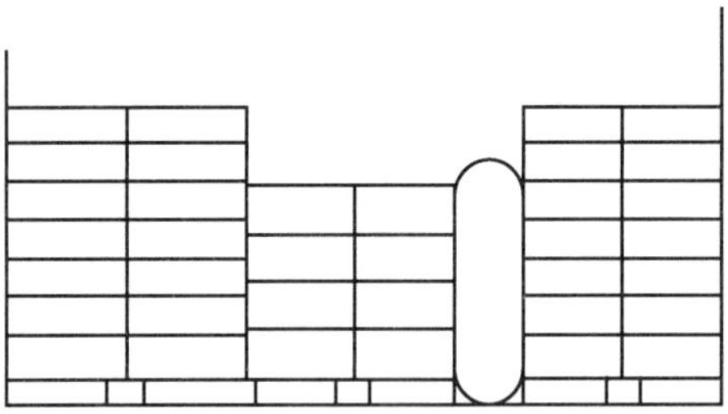

（　　　）

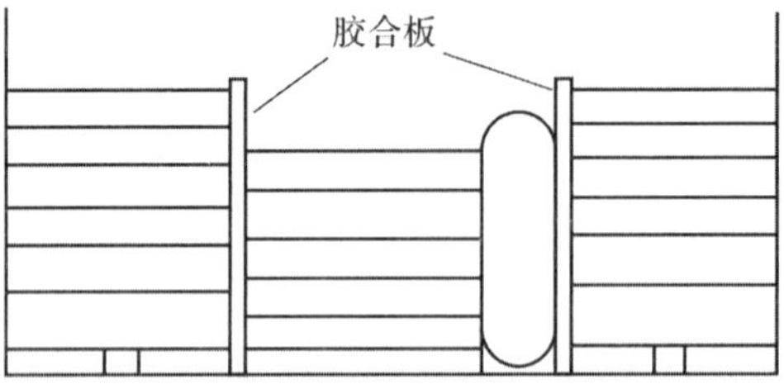

（　　　）

学号：	姓名：	时间：　　年　　月　　日

二、干线发运作业流程

干线发运的主要流程(图 5-2-5)是：信息员在系统中下达发运指令，打印货物运输交接单，签字交接；操作人员将笼车搬到月台、发运扫描确认、装车；关闭厢门、上铅封锁；填写货物运输交接单并进行交接作业。

(1)调度员根据站点的货物情况及车辆资源情况合理配载，在信息系统上制订当日的支、干线发车计划，即当日支、干线发送班车的货物装车计划(货物装车单)。

(2)调度员将货物装车计划及装车要求告知现场业务员，现场业务员合理安排装卸人员，监督装卸人员合理、按顺序装车，必要时要求驾驶员一同监装。

(3)在装车过程中如发现货物有破损或货物数量、品项差异，则必须在现场业务员与驾驶员同时在场的情况下，履行现场拍照、数量清点、签字确认等手续，并将异常信息记入差损档案，装车完毕后，现场业务员给车上签封，并通知调度员装车完成。

(4)调度员根据各线路发车计划，填制运输费用申请表，预先向财务部门借出发车预付款。

(5)信息统计员把待返的签收回单(此时点之前站点送货时收回的签单)整理完毕，交给调度员。

(6)调度员根据货物装车的实际情况(如签封号、车号、发车时间等是否有变化)在信息系统上修改货物装车计划，然后在信息系统上确认发车。

(7)调度员通过信息系统打印生成两份货物装车单(即修改后的货物装车计划)，在货物装车单上备注异常信息，现场业务员及驾驶员在货物装车单上签字确认。调度员将一份货物装车单、随货运单(托运单的收货人签收联、收货人留存联)、待返的签收回单交接给驾驶员；同时将另一份货物装车单留给信息统计员记账、存档。

(8)调度员将发车预付款交予驾驶员。

(9)如果是外包车辆，需另与其签订运输协议。

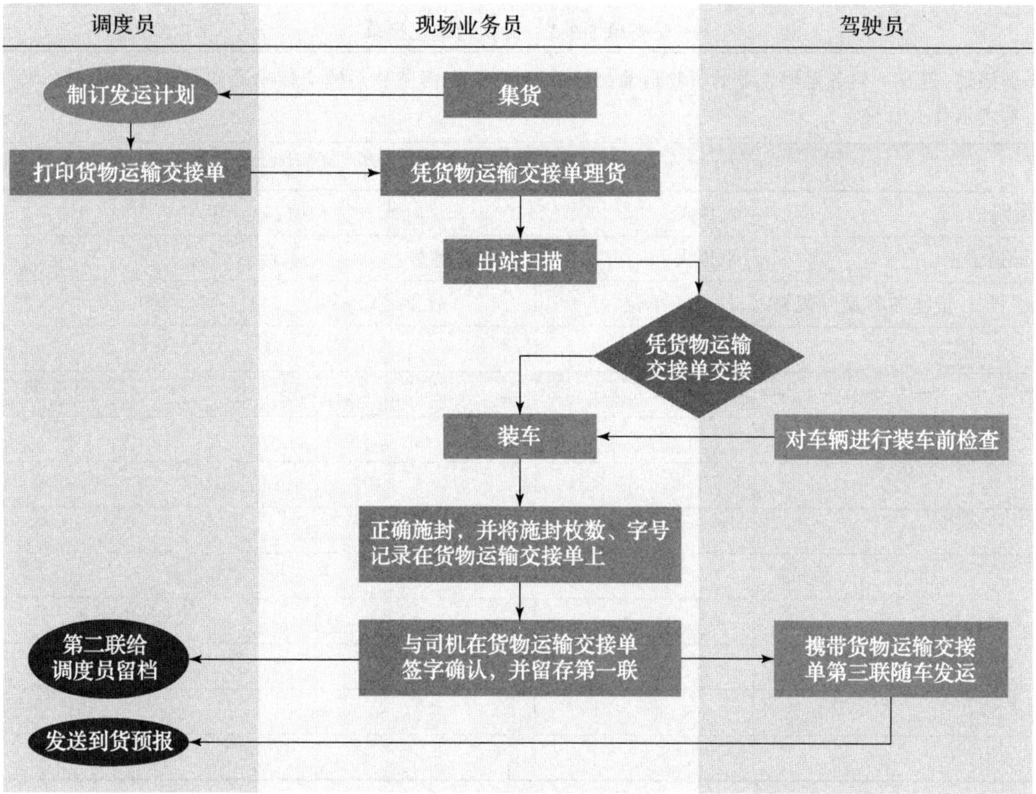

图 5-2-5　干线发运作业流程

(10)如在交接过程中发现单据与货物有出入,应迅速与相关人员及车辆所属的站点经理或调度员协商处理,双方达成一致后,方可放行。

(11)车辆出发,在途中如出现可能会影响准时到达的异常情况,驾驶员要在第一时间通知调度员,调度员安排与到货站点及客户的沟通、解释工作。

(12)客服除对运输车辆进行跟踪外,还需跟踪车辆的返程情况。

任务单 5-2-2　干线发运作业流程

任务描述:货物入站集货后,到达班车发运时间,场站人员应如何组织后续的货物发运作业?在货物发运的过程中需要哪些单据?
学号:　　　　姓名:　　　　时间:　　年　　月　　日

任务单 5-2-3　货物运输交接单

任务描述：查看下列各运输企业的货物运输交接单示例，并思考货物运输交接单通常包含哪些内容？每一项都表示什么含义？

货运交接单

发货地点：		发货人		发货日期：　年　月　日
承运方：		承运人：	承运车牌号：	承运驾驶员：
序号	货物名称型号规格	单位	数量	备注

卸货地点：　　　　收货方检收人：　　　　卸货日期：　年　月　日

货物运输交接单

始发站		车牌号		核载/t		发车时间		
目的站		司机		车容/t		预达时间		
序号		客户名称		货物名称	件数/件	体积/m^3	重量/kg	备注
1								
2								
3								
合计								
发站记事	施封：	随车设备				发货方		司机
到站记事	施封：	到达时间						
	收货：							

制单人：　　　　制单时间：

学号：　　　　姓名：　　　　时间：　年　月　日

三、货物装车规范及车辆施封方法

1. 运输装载的原则

(1)轻重搭配的原则　车辆装货时，必须将重货置于底部，轻货置于上部，避免重货压坏轻货，并使货物重心下移，从而保证运输安全。

(2)大小搭配的原则　货物包装的尺寸有大有小，为了充分利用车厢的内容积，可在同一层或上下层合理搭配不同尺寸的货物，以减少箱内的空隙。

(3)货物性质搭配原则　拼装在一个车厢内的货物，其化学性质、物理属性不能互相抵触。如不能将散发臭味的货物与具有吸臭性的食品混装；不将散发粉尘的货物与清洁货物混装；有毒货物不得与食品类货物混装。

(4)到达同一地点的适合配装的货物应尽可能一次积载。

(5)根据车厢的尺寸、容积，货物外包装的尺寸来确定合理的堆码层次及方法。

(6)装载时不允许超过车辆所允许的最大载重量。

(7)装载易滚动的卷状、桶状货物，要垂直摆放。

(8)货与货之间，货与车辆之间应留有空隙并适当衬垫，防止货损。

(9)装货完毕，应在门端处采取适当的稳固措施，以防开门卸货时货物倾倒造成货损。

(10)尽量做到“先送后装”即同一车中有目的地不同的货物时，要把先到站的货物放在易于装卸的外面和上面，后到站的货物放在里面和下面。

(11)怕压、易碎、易变形的货物，在装载时要采取防护措施。

(12)货物的标签朝外，以方便装卸。

(13)成件货物集装化，粉粒状货物散装化。成件货物应尽可能集装成托盘系列、集装箱、货捆、货架、网袋等货物单元再进行装载作业。各种粉粒状货物尽可能采用散装化作业，直接装入车厢。大量的粉粒状货物也可装入专用托盘、集装箱、集装袋内，提高货物活性指数，便于采用机械设备进行装卸作业。

(14)将渗水货物与易受潮货物分开装载。

(15)为了减少或避免差错，尽量把外观相近、容易混淆的货物分车装载。

(16)货物前端不得超出车身，后端不得超出车厢；在横向不得超出车厢宽度：大货车不得超过 2 m；载重量 1 t 以上的小型货车不得超过 1 m；载重量 1 t 以下的小型货车不得超过 50 cm。

(17)堆码高度不能太高。车辆堆装高度一是受限于道路高度限制；二是道路运输法规规定，如大型货车的高度从地面起不得超过 4 m，载重量 1 t 以上的小型货车不得超过 2.5 m；载重量 1 t 以下的小型货车不得超过 2 m。

2. 货物装车注意事项

装车是货物发运作业中十分重要的环节，货物运输的质量在很大程度上取决于货物装车作业组织的规范性。货物装载方法不当、使用的货车状态不良，往往是造成货运事故的直接原因。货物装车工作还直接影响货车载重量的利用效率。

在物流运输过程中，现场操作员应当对所装货物认真检验、核对，熟悉货物的装车规则，保证所装货物无差错、无损坏。

装车要求和注意事项主要有：

(1)货物均衡、稳固、合理地分布在货车底板上,不超载、偏载、集重、偏重。

(2)充分利用货车容积,巧装满载。有条件时货物采取大小套装,轻重配重的办法,不浪费货车载重力。

(3)能够经受住车辆正常运行中产生的各种撞击作用力,在运输过程中,货物不发生移动、滚动、倾覆、倒塌、坠落等情况。

(4)危险、鲜活、易腐等使用特种车辆装载的货物,因其性质特殊,必须严格按照规定要求作业。

(5)货物装载的宽度、高度,除超限货物外不得超过车辆限界和特定区段的装载限制。货物重量不得超过货车的容许载重量。

3. 车辆封志概念及车辆施封

运输车辆封志通常指的是在货车、集装箱车辆等运输工具上封装的特殊标志或封条,用于证明货物的完整性和安全性。这些封志通常由运输公司、物流公司或政府机构提供,并在装载货物后封闭车辆或集装箱的门扇或其他出入口,以确保货物在运输过程中不被篡改或盗窃。封志通常具有唯一的标识号码,可以用于跟踪货物的来源、目的地和运输路线,以及确保货物在运输过程中没有被非法开启或擅自操纵。

施封是保证货物安全与完整,便于交接和划分运输责任而使用锁、环等对装车后的棚车和冷藏车的车门及罐车的注、排油口采取的加封措施。集装箱运输货物时也应施封。在货物运输过程中,通过观察、检查施封状态可以判明货物是否完整,从而达到划分责任的目的。

任务单 5-2-4　干线发车作业流程,运输车辆施封

任务描述:

(1)大家在图片中看到了什么?猜一猜图片中的人在做什么?

(2)怎样给车辆建立封志呢?

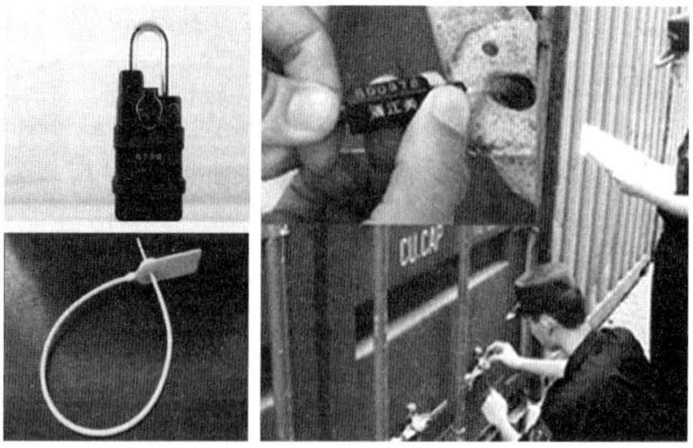

学号:　　　　姓名:　　　　时间:　　年　　月　　日

任务测评

场站完成分拣集货后，到达班车发运时间，场站人员王海应如何组织后续的装车发运作业呢？请认真思考并回答下面的问题。

任务描述：仔细阅读新闻内容，思考是哪些原因造成了该事故？		
捆扎不牢货车货物散落高速路 2016 年 2 月 2 日　来源：西宁晚报 一辆装载蔬菜水果的轻型货车在高速公路上行驶时，因为没有捆紧货物，因此一路散落。省高速交警三大队民警在巡逻时，及时帮助司机检回，并重新装载。 1 月 28 日 18 时许，省高速交警三大队民警在大西山隧道巡逻时，发现前方一辆青海牌照的轻型货车因货物装载捆扎不牢导致载重失衡，货物明显向右倾斜，部分已遗落至路面，车辆停在应急车道上，而司机正在拾捡遗落在地面上的货物，这给后方驾驶员视线造成了阻碍，随时可能引发事故。为了尽快解除隐患，民警李晓磊带领几名协警迅速赶到现场，在车后做好安全防护措施后，帮司机重新装载货物，之后，民警才允许其再次上路。据司机介绍，他的车满载着蔬菜水果，欲拉运到西宁，但当车行驶至大西山隧道入口前 300 m 左右时，突然感觉到有什么东西从车上往下掉，通过后视镜看见车后方的路面上都是掉落的装有蔬菜水果的袋子，于是赶紧停下了车子去捡拾遗落的物品。司机表示，货物是在货场里装载的，当时没太在意，没想到还没到目的地，就发生了货物散落的现象，幸亏民警及时发现，要不然不但有危险，还要承担损失。		
学号：	姓名：	时间：　　年　　月　　日

任务 3　货物到达

学习导入

货运中心调度员王海接到呼和浩特分公司的到货通知，今日上午 6 点左右一辆车牌为蒙 A32678 的车辆到达北京货运中心，车辆上装有 4 票到达北京的货物，具体的到货信息见表 5-3-1。

表 5-3-1 到货通知单

始发站：呼和浩特			目的站：北京		
收货信息	收货人	北京历程商业公司	北京国美集团	北京东方商业公司	北京京隆商城
	是否送货	否(自提)	是	是	是
	收货地址	北京市朝阳区百子湾路石门村路一号	北京市海淀区学院路高梁桥斜街 45 号	北京市海淀区中关村一街 23 号	北京市海淀区西三旗中街 2 号
	联系人	王浩	郑卫东	张君	刘伟达
	联系方式	139 * * * * 8876	010-523 * * 732	010-657 * * 842	136 * * * * 929
	收货时间	2024.2.23,17:00 前	2024.2.23,17:00 前	2024.2.23,15:00 前	2024.2.23,12:00 前
托运信息	托运人	呼和浩特方达集团有限公司 呼和浩特市中山西路 33 号	呼和浩特腾跃数码城 呼和浩特市赛罕区兴安南路 60 号	呼和浩特方达集团有限公司 呼和浩特市中山西路 33 号	呼和浩特腾跃数码城 呼和浩特市赛罕区兴安南路 60 号
	联系人	王玉栋	刘明生	王玉栋	刘明生
	联系方式	0471—249 * * 15	137 * * * * 6521	0471—249 * * 15	137 * * * * 6521
货品名称		龙井茶	佳能相机	方便面	望远镜
包装规格/m		0.345×0.345×0.24	0.380×0.480×0.22	0.345×0.345×0.24	0.285×0.385×0.27
单位		箱	箱	箱	箱
体积/m^3		0.143	0.12	0.171	0.119
重量/kg		25	15	20	12
数量		5	3	6	4
运单号		1089811507210	1089811508610	1089811509010	1089811510910

任务分析

完成此任务，需要学习站点到货预报接收、站点到货业务流程和站点到货卸车检查的内容。

项目五 任务 3
参考答案

任务目标

1. 掌握站点到货预报接收；
2. 掌握站点到货业务流程；
3. 掌握站点到货卸车检查的内容。

任务操作

一、站点到货预报接收

站点到货预报接收是指在物流运输中，接收到货物即将到达的预报信息。这个环节通常由接收方或物流管理人员负责，他们会根据预报信息做好准备工作，确保货物能够顺利到达目的地。接收到货预报信息后，接收方可以安排相关人员提前准备接货的工作，包括相关人员准备、准备卸货设备、安排仓储空间等。及时准确地接收到货预报信息可以有效提高物流运输的效率，避免延误和混乱。

在现代物流管理中，许多公司和物流服务提供商都会采用电子化系统来实现到货预报的接收和处理。通过物流管理系统，可以实现实时监控货物运输情况，及时更新到货预报信息，并提醒相关人员做好接收准备工作。这种自动化的物流运输到货预报接收系统能够提高工作效率，降低错误率，确保货物的及时交付。

因此，物流运输到货预报接收是物流管理中一个重要的环节，对于确保货物顺利送达、减少运输时间和成本具有重要意义。通过有效的预报信息接收和处理，可以提高物流运输的效率和准确性，提升客户满意度，促进物流行业的发展。

1.接货准备工作

接收到货预报信息后，提前准备接货的工作包括但不限于以下几个方面：

人员准备：安排足够数量的工作人员到达现场，确保能够及时协调和执行接货工作。人员需要具备相关的操作技能和知识，以保证货物能够安全地卸载和入库。

设备准备：准备好所需的叉车、起重机、搬运设备等，确保能够顺利地卸载货物并进行必要的搬运操作。

场地准备：清理和整理接货场地，确保有足够的空间和通道用于卸货和搬运货物。保持接货场地的整洁和安全也是非常重要的。

货物清点：根据货物预报信息核对货物清单，确保接收到的货物种类和数量与预期一致。如有异常情况，及时与发货方联系并协商处理方案。

安全防护：提前做好安全防护措施，确保工作人员在接货过程中遵守相关安全规定，避免意外事故发生。

2.干线到达货物的流向

干线到达是指干线运输班车抵达干线到达区域后，场站操作员根据到货通知单信息，核对到站货品信息，若货品出现数量短缺、货物污损、串货等情况，则将其搬至异常货物暂存区，并在到货通知单上注明，同时通知信息员。

场站操作人员将干线到达的正常货物分拣、堆码至托盘，根据到货通知单上的送货要求，分别进行入库、即时派送、派送暂存、异常暂存操作。

入库：针对不需要派送的货物进行入库操作。

即时派送：将需要派送的货物使用托盘搬运至发货区进行派送操作。

异常暂存：针对有异常的货物，整理货物并使用托盘搬运至异常货物存放区。

派送暂存：非当日派送的货物则执行派送暂存，将货物放置在干线暂存区。

3.货物中转作业的基本方法

(1)落地法　将到达车辆上的全部零担货物卸下入库，按方向或到达站在货位上重新集结，再重新配装。特点：简便易行，车辆载重利用率较好，但装卸作业量大，作业速度慢，仓库和场地的占用面积也较大。

(2)坐车法　将到达车辆上运往前面同一到站，且中转数量较多或卸车困难的那部分核心货物留在车上，将其余货物卸下后再加装同一到站的其他货物。特点：核心货物不用卸车，减少了装卸作业量，加快了中转作业速度，节约了装卸劳动力和货位。但对留在车上核心货物的装卸情况和数量不易检查和清点，在加装货物较多时也难免发生卸车和倒装等附加作业。

(3)过车法　当几辆零担车同时到站进行中转作业时，将车内部分中转货物由一辆车直接换装到另一辆车上。组织过车时，可以向空车上过，也可以向留有核心货物的重车上过。特点：在卸车作业的同时即完成了装车作业，减少了零担货物的装卸作业量，提高了作业效率，加快中转速度，但对到发车辆时间衔接要求较高，容易遭受意外因素的干扰。

任务单 5-3-1　站点到货预报接收

任务描述：作为参与本次货物到达工作的现场操作员，需要为做好此次货物到达作业做什么准备呢？请认真思考并回答以下问题。		
问题一：你是否有过这样的经历，发送的货物在寄送过程中发生了破损或者丢失，我们通过投诉热线对其进行了投诉。接到投诉后，运输公司会查找事故原因，进而进行责任划分。这就要求运输公司在每一个交接环节都要进行认真检查，划分清楚各自的责任。那么，运输公司进行干线班车的货物接收时，需要检查哪些内容？		
问题二：中转作业主要是将来自各个方向的仍需继续运输的零担货物卸车后重新集结待运，继续运至终点站。那么，货物的中转作业有哪几种方法呢？		
学号：	姓名：	时间：　　年　　月　　日

二、站点到货业务流程

(1)调度员了解将到班车的装车情况、预计到达时间及货物配送要求，提前做好接车安排，包括安排现场业务人员、交代操作要求等。

(2)班车到达站点后，现场业务员要求驾驶员将车辆停放到具体接车作业流程位置。

(3)驾驶员将随车同行的货物装车单交给现场业务员，托运单、回单交给调度员。

(4)现场业务员核实车上签封号与货物装车单上的签封号是否一致；然后开启签封，组织卸货。

(5)调度员在企业信息系统平台上进行到车确认操作,将托运单与系统货物装车单核对,并将中转货物信息按到货区书写在看板上,将回单交予回单管理员。

(6)现场业务员监督装卸人员合理卸车,核对实际货物信息是否与货物装车单一致,并将异常情况备注在货物装车单上(异常情况备注应详细、表达清楚)。卸货完毕,现场业务员在货物装车单上签字,货物装车单交予调度保存。

(7)若卸货过程中发现货损货差,现场业务员除在货物装车单上备注外,还应拍照,将照片交给信息统计员存档,形成破损档案,信息统计员将货损照片及货损情况线上反馈给发货站点,调度员根据发货站点要求安排处理破损货物;发现缺货由现场业务员将情况上报调度,由调度员反馈给发货站点,协调解决。

(8)现场业务员对到货进行整理,包括将货物分区存放、整齐码放,以及对货物进行修补等。

(9)信息统计员根据货物的目的地将托运单及回单合理归类,并做书面记录。

(10)卸货完毕后,调度员在信息系统上进行卸货完毕、货物交接及集货等操作(图 5-3-1)。

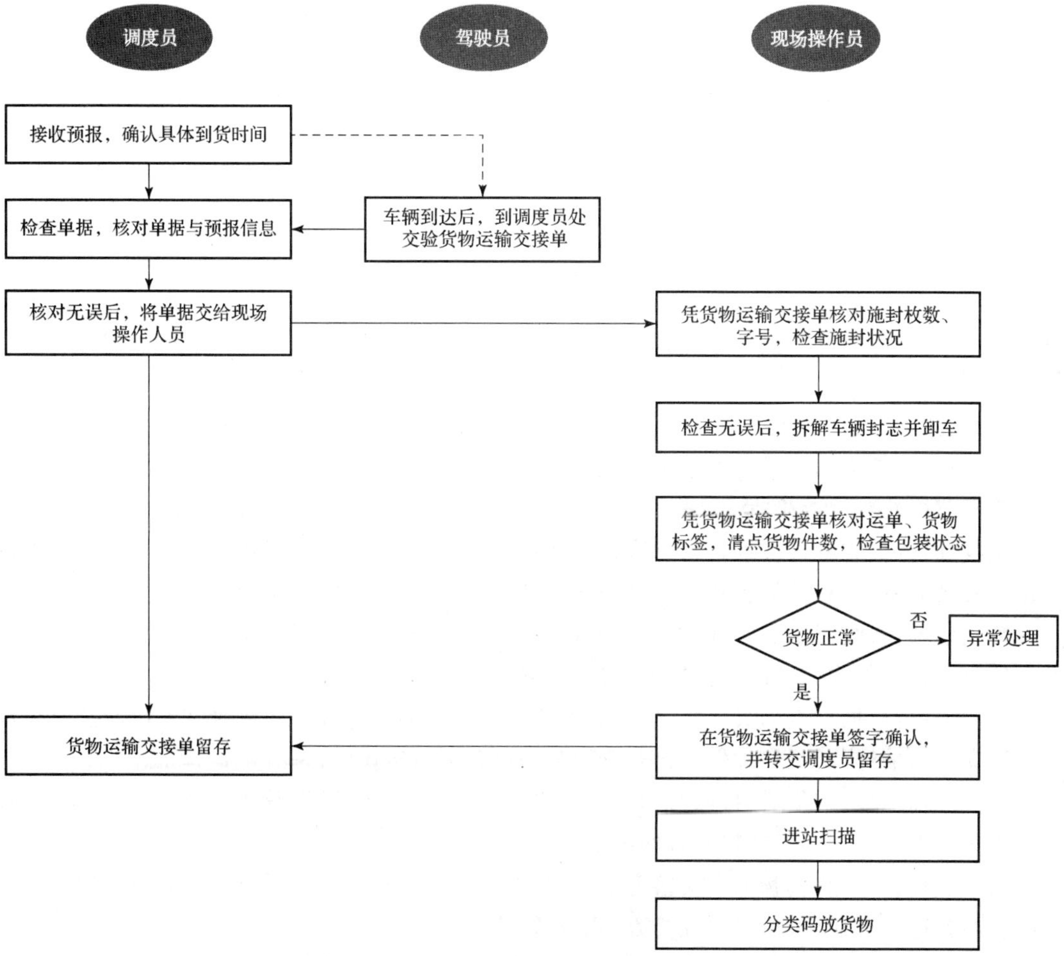

图 5-3-1　站点到货流程

任务单 5-3-2　站点到货流程

任务描述：物流货运中心调度员王海接到分公司的到货通知，下午 6 点左右将会有一辆如图所示的班车到达货运中心，并卸载一批到站货物。

你知道货运中心会按照怎样的流程来处理这批到货业务吗？

学号：　　　　　　　　姓名：　　　　　　　　时间：　　　年　　月　　日

到站货物交接是指货物到达目的地站点后的交接流程，以下是一般的到站货物交接流程：

货物到达：货物到达目的地站点后，运输公司将通知接收方货物已到站，接收方需要及时安排人员前往站点进行接货。

验收货物：接收方人员到达站点后，与运输公司工作人员一起进行货物验收。验收过程包括核对货物清单、检查货物包装是否完好，确认货物数量和品质是否符合预期。

签收单据：验收无误后，接收方人员需在提货单或收据上签字确认，表示已经成功接收货物。签收单据是货物交接的重要凭证，需要妥善保管以备将来查询。

卸货操作：根据站点的具体情况，可能需要进行货物的卸货操作。接收方人员需按照操作规程和安全标准进行卸货，确保货物安全卸载并放置到指定位置。

后续处理：完成卸货后，接收方可以对货物进行进一步的处理，比如入库、分拣、配送等。这取决于货物的具体性质和接收方的需求。

通知发货方：一旦货物顺利交接完毕，接收方通常会通过运输公司或其他渠道通知发货方货物已经到达并交接完成，以便发货方跟踪货物状态。

以上是一般到站货物交接的基本流程，具体流程可能会根据货物类型、运输方式和站点要求等因素有所调整。确保交接过程顺利进行，能够准确、及时地完成货物的交接是非常重要的。

任务单 5-3-3　卸车检查封志

任务描述：

(1)图片中的人在做什么？

(2)图片中的封志是什么类型的？

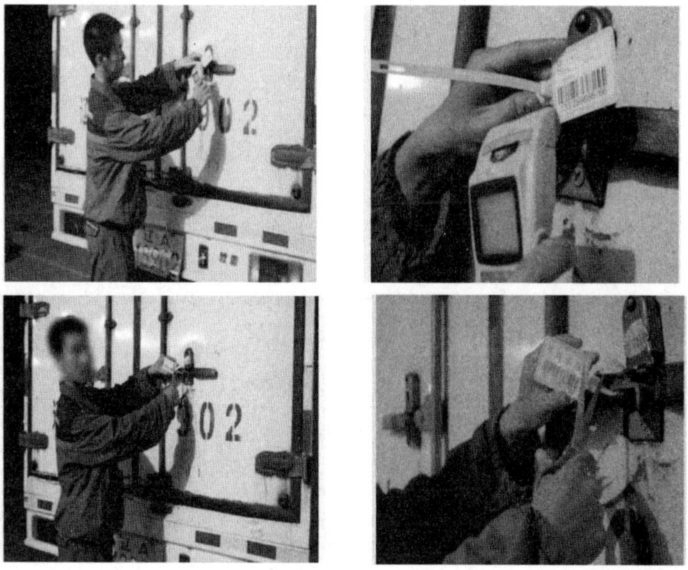

学号：	姓名：	时间：　　年　　月　　日

三、站点到货卸车检查的内容

1. 到货票据交付

主要包括：货物运输交接单核验、完成运输交接单交付和货物交付。

货物运输交接单核验：货物到达网点后，现场操作员与班车司机共同核对货物运输交接单，核对交接单上信息与系统货物信息是否一致。

货物交付：核验货物运输交接单后，现场操作人员共同完成货车的卸车、验收工作，主要查验交付货物的数量、规格、包装等内容。

完成运输交接单交付：完成货物交付后，班车司机以及现场操作管理人员确认无异常出现，则分别在货物运输交接单上签字，并转交负责人留存。完成单据及货物的交付。

2.站点到货卸车检查规范

站点到货之后，站点负责人及站点业务操作人员需要按照车辆运输质量检查、货物检查和货物搬运入库等操作规范进行货物卸车及检查。

车辆运输质量检查：检查车辆施封情况，检查车辆封志是否完好无损；车辆封志检查完好之后，打开车厢门，检查车厢内货物装载情况是否完好，有无倒塌、破损情况；如果存在异常，需要拍照留存。

货物检查：货物数量、名称等是否和运单一致，如存在货物数量异常，及时记录，并上报到站点负责人；货物品类、包装是否和运单一致，如存在包装异常等问题，及时记录，并上报到站点负责人。

货物搬运入库：运输质量以及货物没有异常时，网点负责人安排业务人员进行货物卸车、搬运入库操作。卸车搬运环节严格遵守货物装卸搬运规范。

任务单 5-3-4　站点到货卸车检查的内容

任务描述：作为参与本次货物到达作业的现场操作员，需要为货物到达作业做哪些准备呢？请认真思考并回答以下问题。

某货运中心货物到达作业现场如下图所示，请问在卸载货物时有哪些要求呢？

学号：　　　　姓名：　　　　时间：　　年　　月　　日

3. 站点到货异常处理

常见到货异常问题及处理方法见表 5-3-2。

表 5-3-2　到货异常问题的处理

到货异常问题		处理方法
数量差异		如发现总包数量不符，应在规定时限内向发运部门出具差异报告，说明多出、短少的数目。同时，在相关交接清单上批注多出、短少的数目
货物破损	外包装轻微破损的货物	运输主管对货物重量进行复核，复核实际重量与运单标注重量是否相符，登记并拍照后对外包装进行加固，录入异常并将破损单号、破损情况等信息报本单位投诉理赔人员备案
	外包装严重破损的货物	运输主管对货物进行拍照，复核、清点内物，须运输主管在场或两人以上在监视器下进行，并滞留货物，在系统中录入异常信息并上报本单位投诉理赔人员，货物缺失的情况必须同时报运输主管备案
	总包货物标签脱落无法辨别接收地名的货物	应拆箱(袋)，根据内件实物或运单信息确定目的地后重新封装。同时，应在运单和相关交接单上批注相关情况，有站点处理中心向相关发运部门发送差异报告
货物污损	外包装有水湿、油污等的货物	应单独堆放，需要及时处理的按照相关规定进行处理，但应在交接清单上注明
	无特别条件或不影响其他货物安全的	可不进行处理，到目的地后再做处理，但应在交接清单上注明
	有危害或严重影响其他货物安全的	选择在站点卸车，将情况明确批注在交接清单上，并向发车处理中心及时报告
货物信息异常	无信息	包括无基础信息、无配载信息，发现此类异常的主管负责录入异常，并联系初始受理单位订单员或上一环节信息处理员补录补发信息，同时报质控备案
	信息不符	包括箱单与系统不符，发现此类异常的主管负责录入异常，并联系收货人确认，信息正确则进行下一环节的操作，同时报质控备案
	包装违规	包装不符合运输要求，发现此异常的主管负责重新包装，录入异常并报质控备案
	超范围	货物收货地址超出可操作区域，联系客户征求一致解决方案，标记此单为超范围配送，并将解决方案录入系统
	违禁物品	发现违禁品，滞留货物，暂停下一环节操作，报质控部门备案并录入异常，及时联系客户进行沟通，运输主管必须 24 小时内给出明确处理意见

4. 站点到货时的注意事项

(1)到达本站已是终点的货物,站点应将货物登入零担货物到货登记表。

(2)对客户自提货物,要在 12 小时内通知收货人取货,并做好记录备查。

(3)自通知到收货人次日起,货物免费保管期限不得少于 3 天。

(4)对送货上门货物,站点应立即组织送货上门工作,保证货物按时送达。

(5)货物交付中发现包装破损或对货物的数量、质量存在质疑时,托运人、承运人或收货人均可提出查验、复磅,由此产生的货损货差由责任方承担。

(6)托运人委托承运人代收货款的,零担承运人应建立代收货款资金流转程序以及相应的风险控制措施,并在规定返款日期内,将货款返还托运人。

(7)对于收货人地址不详或查无此人、收货人迁址或单位撤销、收货人死亡又无合法收货人、拒收货物或拒付费用、超过 3 个月无人提取的货物,属无法交付货物,由承托双方协商处理。

任务测评

呼和浩特到北京的干线班车到达北京货运中心。该班车司机王海携带的货物运输交接单如下所示。

任务描述:作为参与本次货物到达工作的现场操作员,需要为做好此次货物到达作业做些什么准备呢?请认真思考并回答以下问题。

货物运输交接单　　　　NO. GC0010528

<table>
<tr><td>始发站</td><td>呼和浩特站</td><td>车牌号</td><td>蒙 A32678</td><td>核载/t</td><td>1.14</td><td>发生时间</td><td colspan="2">2024/3/9</td></tr>
<tr><td>目的站</td><td>北京站</td><td>司机</td><td>张杰</td><td>车容/m^3</td><td>2</td><td>预达时间</td><td colspan="2">2024/3/12</td></tr>
<tr><td>序号</td><td>运单号</td><td>客户名称</td><td>包装</td><td>货物名称</td><td>件数/件</td><td>体积/m^3</td><td>重量/kg</td><td>备注</td></tr>
<tr><td>1</td><td>3000020240337</td><td>呼和浩特方达集团有限公司</td><td>箱</td><td>龙井茶</td><td>5</td><td>0.145</td><td>25</td><td></td></tr>
<tr><td>2</td><td>3000020240360</td><td>呼和浩特方达集团有限公司</td><td>箱</td><td>方便面</td><td>6</td><td>0.171</td><td>20</td><td></td></tr>
<tr><td>3</td><td>3000020240383</td><td>呼和浩特腾跃数码城</td><td>箱</td><td>佳能相机</td><td>3</td><td>0.069</td><td>15</td><td></td></tr>
<tr><td>4</td><td>3000020240379</td><td>呼和浩特腾跃数码城</td><td>箱</td><td>望远镜</td><td>4</td><td>0.118</td><td>12</td><td></td></tr>
<tr><td colspan="5">合计</td><td>18</td><td>0.503</td><td>72</td><td></td></tr>
<tr><td>发站记事</td><td>施封:1 枚
0123456</td><td>随车设备</td><td colspan="3"></td><td colspan="2">发货方</td><td>司机</td></tr>
<tr><td rowspan="2">到站记事</td><td>施封:封锁</td><td>到达时间</td><td colspan="3"></td><td colspan="2" rowspan="2">刘章</td><td rowspan="2">张东</td></tr>
<tr><td>收货及货损描述</td><td colspan="4"></td></tr>
</table>

制单人:张伟　　　　制单时间:2024 年 3 月 9 日

货运中心的操作员王海在卸车过程中发现,运单号为 3000020240360 的货物存在异常,其中 2 件货物外包装破损变形。那么,操作员对于此种异常情况该如何处理呢?

学号： 姓名： 时间： 年 月 日

项目六　运输承运商管理

任务1　运输承运商选择

学习导入

方达集团中标了上海今天饮品公司的产品从上海生产基地发往全国的门到门的物流项目，请分析方达集团在选择运输承运商时应考查其哪些方面？

项目六　任务1
参考答案

方达集团已经确定选择公路运输方式完成项目运输任务，经过筛选，备选的承运商信息如表6-1-1所示。

表6-1-1　备选承运商运输情况汇总表

承运人	运价/[元/(t·km)]	信誉等级	安全性	运输时间/天	运输能力
A	0.25	10	8	3	9
B	0.20	9	7	4	10
C	0.3	8	9	2	8
D	0.35	7	10	2	10
权重	30%	10%	25%	25%	10%

注：安全指标以10分为最安全，运输能力指标以10分为运输设备最好和运输网络最发达。

运输主管将备选承运商运输情况汇总表交给王海，让他根据这些信息提出承运商优选方案。

任务分析

主要掌握运输承运商选择的影响因素、选择步骤及方法，进而对承运商的基本信息进行筛选，完成运输承运商的选择。

学习目标

1. 了解运输承运商基本信息获取方式；
2. 掌握运输承运商选择的影响因素；
3. 掌握运输承运商选择的步骤；
4. 掌握运输承运商选择的方法。

任务操作

一、运输承运商基本信息获取方式

1. 在线搜索

使用搜索引擎，输入相关的关键词，如"运输承运商""物流公司"等，浏览搜索结果，可以找到许多承运商的官方网站和相关信息。如 http://www.chinawutong.com(中国物通网);http://www.6-china.com/company(中易通)等。

2.行业协会和组织

查询相关的行业协会或组织,如物流协会、运输商会等。这些组织通常会提供承运商的信息和资源,以及行业标准和规范。

3.口碑和推荐

向同事、业务伙伴或其他相关行业人士咨询,了解他们对承运商的评价和建议。他们的经验和意见可能会帮助你找到可靠的承运商。

4.参加行业展会和活动

参加物流和运输行业的展会、研讨会等活动,可以与承运商代表面对面交流,了解他们的服务、产品和企业信息。

5.招标和询价

如果有较大规模的运输需求,可以发布招标公告或向多家承运商询价。通过这种方式,可以收到承运商的详细报价和方案,从而更好地比较和选择。

6.参考专业媒体和出版物

阅读物流和运输行业的专业杂志、报纸、网站等,了解承运商的新闻、评价和排名。

7.物流平台和市场

利用在线物流平台或市场,这些平台通常汇集了众多承运商的信息和服务,可以通过平台进行比较和选择。

在获取信息时,要注意核实承运商的合法性、信誉和资质,可以查看其营业执照、运输许可证等相关证件。同时,与承运商进行详细的沟通和谈判,明确服务条款、价格和责任等重要事项。

任务单 6-1-1 运输承运商基本信息获取

任务描述:

飞翔公司的运输主管现需要选择一家合适的物流承运商承接北京—天津物流业务并建立有效的管控机制来保障业务的顺利进行。

根据飞翔公司的经营理念和天津的实际业务需求,选择承运商的首要条件是物流公司的正规性和具备天津市的运输经验,运输主管决定通过网络资源来获取承运商的信息。请以"北京到天津专线物流业务"为基本搜索条件,在物流网站 http://www.6-china.com/company/(中易通)、http://www.chinawutong.com(中国物通网)等进行搜寻,获取4家承运商基本信息,归纳入下表中。

公司名称	公司性质	注册资金	法定代表人	成立时间	经营业务	覆盖网络及经验

学号: 姓名: 时间: 年 月 日

二、影响运输承运商选择的因素

选择运输承运商时，需要考虑以下几个关键因素：

(1)服务质量　评估承运商在准时交付、货物安全和客户服务等方面的表现。

(2)运输能力　确保承运商具备满足需求的运输能力，包括车辆数量、运输范围和运输时间等。

(3)价格竞争力　比较不同承运商的报价，并确保价格合理且符合预算。

(4)经验和信誉　考虑承运商的经验、声誉和历史记录，选择可靠的合作伙伴。

(5)保险和责任　了解承运商的保险政策，确保货物在运输过程中得到充分保障。

(6)技术和信息化　查看承运商是否采用先进的技术和信息化系统，以提高运输效率和可视性。

(7)合规性　确保承运商符合相关法规和行业标准。

(8)合作伙伴关系　考虑与承运商建立长期合作关系，以获得更好的服务和优惠条件。

在选择运输承运商时，建议进行充分的市场调研和评估，与多家承运商进行沟通和谈判，最终选择最适合的合作伙伴。

三、运输承运商选择的程序

一个好的承运商，能够帮助企业降低物流成本和实现战略目标。企业进行承运商选择时，首先要成立评选小组，确定选择标准，拟好评审项目，并设定评审项目的权重。在做好这些工作之后，评选小组着手选择承运商。

1. 选择运输承运商的基本流程

企业常用的选择运输承运商的基本流程如图 6-1-1 所示。

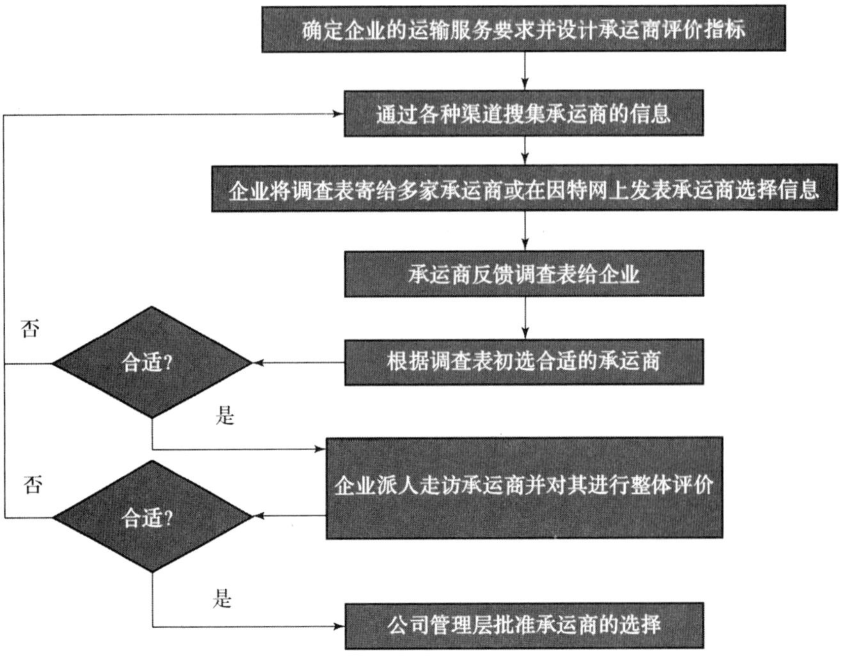

图 6-1-1　选择运输承运商的基本流程

2. 选择运输承运商的基本步骤

选择运输承运商的基本步骤如下：

(1)确定运输需求　明确货物的类型、数量、运输路线、运输时间等要求。

(2)制定选择标准　根据需求，确定选择承运商的关键标准，如服务质量、运输能力、价格、信誉等。

(3)收集承运商信息　通过市场调研、在线搜索、咨询同行等方式，收集潜在承运商的基本信息。

(4)评估承运商　根据选择标准，对潜在承运商进行评估和比较。可以要求承运商提供报价、服务方案等详细信息。

(5)实地考察和面谈　对候选承运商进行实地考察，了解其设施、设备、管理等情况。与承运商代表进行面谈，沟通合作细节和要求。

(6)选择承运商　综合评估结果，选择最符合需求的承运商。

(7)签订合同　与选定的承运商签订合同，明确双方的权利和义务。

(8)实施和监督　在运输过程中，密切监督承运商的服务质量，及时解决可能出现的问题。

四、运输承运商选择的方法

以下是选择运输承运商的常见方法：

1. 招标法

发布招标公告，邀请多家承运商参与竞标。根据承运商的报价、服务方案等进行评估和比较，选择最合适的承运商。

2. 询价法

向多家承运商发送询价请求，要求他们提供报价和服务细节。通过比较不同承运商的报价和条件，选择最符合需求的承运商。

3. 案例分析法

研究承运商过往的案例，了解他们在类似运输项目中的表现和经验。通过分析案例，可以评估承运商的能力和可靠性。

4. 口碑和推荐

向同行、业务伙伴或其他相关企业咨询，了解他们对承运商的评价和推荐。良好的口碑和推荐可以提供有价值的参考。

5. 现场考察法

对候选承运商进行实地考察，了解其设施、设备、管理水平等情况。现场考察可以帮助评估承运商的实际能力。

6. 综合评估法

综合考虑运输价格、服务质量、运输时间、保险责任等因素，即需要进行多目标决策。一般可用综合价值系数对候选承运商进行全面评估和比较，综合价值系数越大，价值越大。

综合价值系数公式：

$$v = \sum M_i F_i$$

式中，v 为综合价值系数，M_i 为分数，F_i 为权重。

分数分为两种情况，值越大越好的指标和值越小越好的指标。

(1)值越大越好的指标　信誉等级、安全性、运输能力等。

值越大越好的指标得分算法：

$$该指标得分=\frac{对应值}{最优值}\times 权重\times 总分$$

例如，承运商 A 在安全性上的得分：

$$该指标得分=\frac{对应值}{最优值}\times 权重\times 总分=\frac{8}{10}\times 25\%\times 100=20(分)$$

(2)值越小越好的指标　运价、运输时间等。

值越小越好的指标得分算法：

$$该指标得分=\frac{最优值}{对应值}\times 权重\times 总分$$

例如，承运商 A 在运输时间上的得分：

$$该指标得分=\frac{最优值}{对应值}\times 权重\times 总分=\frac{2}{3}\times 25\%\times 100=16.67(分)$$

无论采用哪种方法，选择运输承运商时都应充分考虑自身的运输需求和预算，并与承运商进行充分的沟通和协商，确保双方的权益得到保障。

任务单 6-1-2　运输承运商选择

任务描述：请结合本任务学习导入中材料选择承运商。要求分析过程与计算步骤完整清晰。承运商综合得分＝运价指标得分＋信誉等级指标得分＋安全性指标得分＋运输时间指标得分＋运输能力指标得分			
步骤一：承运商 A 综合评分			
步骤二：承运商 B 综合评分			
步骤三：承运商 C 综合评分			
步骤四：承运商 D 综合评分			
结论			
学号：	姓名：	时间：　　年　　月　　日	

任务测评

王海现在要为某地区进行运输承运商选择，请帮助他顺利完成此项工作。

任务描述：某托运人下个季度有一批货物需要运输到某地，已经确定选择公路运输方式，其备选的运输承运商信息整理后见下表。

承运商	运价/(元/t)	信誉等级	安全性	运输时间/天	运输能力
A	0.25	AAA	安全	3	设备较好，网络较发达
B	0.20	AAB	一般	4	设备最优，网络最发达
C	0.30	AAA	较安全	2	设备一般、网络一般
D	0.30	AAB	最安全	2	设备最优，网络较发达
权重	30%	10%	25%	25%	10%

请帮助托运人根据各承运商的具体情况，通过运输服务质量综合评价打分的方法选择一家合适的候选承运商。综合评价过程如下：

步骤一：对非定量指标按等级赋值。

承运商	运价/(元/t)	信誉等级	安全性	运输时间/天	运输能力
A	0.25			3	
B	0.20			4	
C	0.30			2	
D	0.30			2	
权重	30%	10%	25%	25%	10%

步骤二：根据上表利用综合价值系数对各家承运商进行综合评价。

步骤三：得出结论。

任务 2　运输承运商管控

学习导入

从各个承运商最终打分的情况来看，承运商 D 得分最高。运输主管选取该承运商为方达集团上海今天饮品公司物流业务的合作承运商，双方约定从 2024 年 1 月 1 日正式开始执行上海今天饮品公司的产品从上海生产基地发往全国的门到门的物流业务。

项目六　任务 2
参考答案

2024 年 2 月初，运输主管收到业务员汇总的承运商 D 2024 年 1 月物流运输基础数据，见表 6-2-1。

表 6-2-1　2024 年 1 月承运商 D 物流基础数据

<table>
<tr><th>项目</th><th>数量</th><th>备注</th></tr>
<tr><td>月度总票数</td><td>3 973</td><td rowspan="12">2024 年 1 月 30 日，由于春运将至，当天发往全国各地的货量猛增到 100 m³，承运商 D 常用的车辆不够配载，导致 61 件货物未按原计划提货、发货、到达、派送以及返回单据等</td></tr>
<tr><td>及时提货票数</td><td>3 912</td></tr>
<tr><td>及时发运票数</td><td>3 912</td></tr>
<tr><td>准时到达票数</td><td>3 912</td></tr>
<tr><td>月度总单据数</td><td>5 146</td></tr>
<tr><td>及时返回单据数</td><td>5 012</td></tr>
<tr><td>货差货损票数</td><td>0</td></tr>
<tr><td>准确到货票数</td><td>3 920</td></tr>
<tr><td>月度异常总次数</td><td>5</td></tr>
<tr><td>异常及时反馈次数</td><td>5</td></tr>
<tr><td>运输有责任事故次数</td><td>0</td></tr>
<tr><td>客户投诉次数</td><td>0</td></tr>
</table>

根据业务员汇总的 2024 年 1 月承运商 D 物流基础数据，运输主管该如何进行承运商月度绩效考核打分？请根据月度得分对承运商进行管控。

任务分析

主要掌握运输承运商管控的内容，能够制订运输承运商管控方案，结合物流基础数据对承运商进行管控。

学习目标

1. 了解运输承运商管控的重要性；
2. 掌握运输承运商管控的内容；
3. 能够对运输承运商进行评价考核。

任务操作

对承运商的管控主要通过设计 KPI 实现，并制定检查承运商绩效的周期。一般情况下，KPI 设计的指标越合理，检查承运商绩效的周期越短，越有利于企业及时了解物流方面存在的问题，尽快提出改进措施。

一、运输承运商管控的重要性

运输承运商管控的重要性主要体现在以下几个方面：

（1）确保运输质量　通过对承运商的管控，可以确保货物在运输过程中的安全和完整性，减少货损和货差的发生。

（2）提高运输效率　有效的管控可以提高承运商的运输效率，确保货物按时到达目的地，满足客户的需求。

（3）降低运输成本　对承运商进行合理的选择和管理，可以降低运输成本，提高企业的经济效益。

（4）加强合作关系　通过与承运商建立良好的合作关系，共同解决问题，提高服务水平，实现双赢。

（5）合规运营　对承运商的管控有助于确保其遵守相关法规和标准，减少法律风险。

（6）提升企业形象　通过与可靠的承运商合作，并展示良好的运输管理能力，有助于提升企业在客户和市场中的形象。

（7）数据分析和决策支持　通过对运输数据的分析，可以为企业提供决策支持，优化运输策略和流程。

综上所述，运输承运商管控对于企业的运营和发展至关重要，它可以帮助企业提高运输服务质量、降低成本、提升竞争力，并促进企业的可持续发展。

二、运输承运商管控的内容

运输承运商管控的内容通常包括以下几个方面：

（1）合同管理　与承运商签订明确的合同，规定双方的权利和义务，包括运输服务范围、费用、保险责任、违约条款等。

（2）运输计划和调度　协调承运商的运输计划，确保货物按时、按质、按量地送达目的地。

（3）货物跟踪和监控　实时跟踪货物的运输状态，包括运输路线、运输时间、货物位置等信息，确保货物安全抵达。

（4）运输质量管理　评估承运商的运输质量，包括货物的完整性、准确性、及时性等方面。

（5）费用管理　监控承运商的运输费用，确保费用合理、透明，并进行成本控制。

（6）信息沟通与协调　与承运商保持良好的信息沟通，及时解决运输过程中出现的问题和纠纷。

（7）安全与风险管理　评估承运商的安全管理措施，降低运输过程中的风险。

（8）绩效评估与考核　定期评估承运商的绩效，根据评估结果进行奖励或惩戒，激励承运商提高服务质量。

（9）合规性管理　确保承运商遵守相关法规和标准，如运输安全规定、环保要求等。

通过对以上内容的有效管控，可以提高运输效率、降低成本、确保货物安全，并与承运商建立长期稳定的合作关系。

三、运输承运商物流绩效评价

承运商物流绩效评价需要利用一系列指标进行，这些指标不仅是对承运商行为的约束，也是企业检验运输物流是否合理的评价指标。

1. 建立关键绩效指标体系

从内部和外部两个方面考核。内部绩效评价主要包括考核承运商运输服务质量、运输效率、财务指标等，如准时提货率、及时正点率、货损货差率等；外部绩效考核通常从客户反馈信息来评价，包括客户投诉率、客户满意度等。

2. 绩效评价周期

考核时间一般以 1 个月为一个周期，如果企业认为运输物流对企业运作非常重要，也可每周或每半个月进行考核。

任务单 6-2-1　承运商 D 2024 年 1 月绩效打分

任务描述：根据方达集团对物流承运商以往的管控经验，要按照公司的运输承运商绩效考核指标(KPI)对新选择的承运商进行打分考核。具体的绩效考核指标见下表。

序号	考核指标(KPI)	标准值	权重分
1	及时提货率	99%	10 分
2	发运及时率	99%	10 分
3	准时到达率	100%	10 分
4	回单及时率	100%	15 分
5	货差货损率	≤2‰	10 分
6	到货准确率	100%	15 分
7	异常信息及时反馈率	100%	10 分
8	运输有责任事故率	0	10 分
9	客户投诉率	0	10 分

运输主管可根据业务员整理反馈的 2024 年 1 月承运商 D 物流基础数据，参照运输承运商月度绩效考核的评分规则进行绩效计算、打分，得出承运商 D 2024 年 1 月的绩效分数。

方达集团物流承运商月度绩效考核评分规则如下。

考核指标(KPI)计算公式：

(1)及时提货率＝月度及时提货票数/月度总票数×100%；

(2)发运及时率＝月度及时发运票数/月度总票数×100%；

(3)准时到达率＝月度准时到达票数/月度总票数×100%；

(4)回单及时率＝月度及时返回单据数/月度总单据数×100%；

(5)货差货损率＝月度货差货损票数/月度总票数×100%；

(6)到货准确率＝月度准确到货票数/月度总票数×100%；

(7)异常信息及时反馈率＝月度异常及时反馈次数/月度异常总次数×100%；

(8)运输有责任事故率＝零容忍，即只要发生1起此项就为0分；

(9)客户投诉率＝零容忍，即只要发生1起此项就为0分。

评分规则：

(1)及时提货率、发运及时率、准时到达率、回单及时率、到货准确率、异常信息及时反馈率：指标值≥标准值，得权重分的100%，指标值＜标准值，每下降一个百分点扣权重分的10%；

(2)货差货损率：指标值≥标准值，得权重分的100%，指标值＞标准值，每上升一个百分点扣权重分的10%；

(3)只要出现运输责任事故、客户投诉，对应绩效指标得0分。

2024年1月承运商D月度绩效考核得分

项目	2024年1月	及时提货率	发货及时率	准时到达率	回单及时率	货差货损率	到货准确率	异常信息及时反馈率	运输有责任事故率	客户投诉率	2024年1月绩效总分
月度总票数	3 973										
及时提货票数	3 912										
及时发运票数	3 912										
准时到达票数	3 912										
月度总单据数	5 146										
及时返回单据数	5 012										
货差货损票数	0										
准确到货票数	3 920										
月度异常总次数	5										
异常及时反馈次数	5										
运输有责任事故次数	0										
客户投诉次数	0										
标准值		0.99	0.99	1	1	0.002	1	1	0	0	
考核指标权重分		10	10	10	15	10	15	10	10	10	
指标得分											

学号：　　　　姓名：　　　　时间：　　年　　月　　日

任务单 6-2-2　承运商 D 管控

任务描述：运输主管根据公司对物流承运商的奖惩规定，出具正式的书面文件对承运商进行表扬奖励或警告惩罚。

方达集团物流承运商奖惩规定如下：

物流承运商每月考评满分为 100 分，60 分以下为不及格，如果连续三个月得分不及格，取消承运商资格；60～75 分为 C 级，如果连续两个月得分为 C 级，运费顺延 20 天结算，减少 50% 承运份额，并要求承运商整改，如整改后还不合格，则取消承运商资格；75～90 分为 B 级，连续两个月得分为 B 级的，运费延迟 15 天结算；90～100 分为 A 级，连续三个月得分为 A 级的，可考虑增加方达集团其他市场的承运份额。

方达集团对物流承运商的奖励、惩罚通知模板如下：

表　扬

贵公司(________)________年______月的月度绩效考核最终得分为______分，位于等级______。

若________、________月份(考核月的下两个月)的最终考核也为________，按照双方约定的奖惩规定"____________________________"，可以考虑增加方达集团________市场承运份额。

鉴于上述情况，对(________)本月的突出表现提出表扬，希望再接再厉，取得更加优异的成绩。

方达集团

年　　月　　日

警　告

贵公司(________)________年________月的月度绩效考核最终得分为________分，位于等级______。本月主要扣分项为__________________________，根本原因是____________________________________。

若________月份(考核月的下一个月)的最终考核也为________，按照双方约定的奖惩规定"____________________________________"，存在______________________________风险。

鉴于上述情况，请在________年________月________日前给出正式的书面改进方案以及实施措施、时间安排。

方达集团

年　　月　　日

学号：　　　　　　　　姓名：　　　　　　　　时间：　　年　　月　　日

任务测评

运输主管安排王海按时统计承运商物流基础数据，每月定期对承运商进行绩效打分，根据得分情况向承运商下发奖惩通报，请协助他一起完成此项工作。

任务描述：方达集团对于新选择的承运商每月都要进行月度绩效考核打分，根据得分等级情况对承运商进行相应的奖惩通报，通过这种管控方式促进承运商服务质量逐步提升。

业务员统计的承运商 D 2024 年 2 月的物流基础数据见下表。

2024 年 2 月承运商 D 物流基础数据

项目	2024 年 2 月	备注
月度总票数	2 872	2024 年 2 月 14 日当天下午在天津市内派送南开区货物时，因派送人员先后顺序安排不妥当，导致大客户紧急的 12 票货物未能按时送到，15 日上午才送达、签收，客户不满意，投诉一次。
及时提货票数	2 872	
及时发运票数	2 872	
准时到达票数	2 872	
月度总单据数	3 436	
及时返回单据数	3 428	
货差货损票数	0	
准确到货票数	2 860	
月度异常总次数	2	
异常及时反馈次数	2	
运输有责任事故次数	0	
客户投诉次数	1	

请帮助王海来完成承运商 D 2024 年 2 月的月度绩效考核打分，计算出其 2 月最终的绩效得分。同时，对承运商进行相应的书面奖惩通报。

2024 年 2 月承运商 D 月度绩效考核得分

项目	2024 年 2 月	及时提货率	发货及时率	准时到达率	回单及时率	货差货损率	到货准确率	异常信息及时反馈率	运输有责任事故率	客户投诉率	2024 年 2 月绩效总分
月度总票数	2 872										
及时提货票数	2 872										
及时发运票数	2 872										
准时到达票数	2 872										
月度总单据数	3 436										
及时返回单据数	3 428										
货差货损票数	0										
准确到货票数	2 860										
月度异常总次数	2										
异常及时反馈次数	2										
运输有责任事故次数	0										
客户投诉次数	1										
标准值		0.99	0.99	1	1	0.002	1	1	0	0	
考核指标权重分		10	10	10	15	10	15	10	10	10	
指标得分											

项目七　运输成本控制

任务 1　企业运输成本概述

学习导入

夏日炎炎，正是梨果飘香时。在广东省连州市，翠绿的梨园中，水晶梨以其清甜的口感和晶莹剔透的果肉，成为当地农业的一张亮丽名片。素有梨中“白富美”之称的水晶梨，不仅在国内市场声名鹊起，更在国际市场上赢得了声誉，为推动乡村振兴和实现“百千万工程”目标发挥着关键作用。

项目七　任务 1
参考答案

但是，水晶梨销往外地的运输成本居高不下，针对这一问题，果农们正寻求物流公司张经理的帮助，希望张经理能够积极探索、主动作为，为果农降低物流成本，想方设法锻造连州水晶梨产销“超短链条”，提升寄递时效和服务质量，打通供应配送链，助力连州农特产品“出村进城”、畅销“大湾区”。

请通过本任务内容的学习，帮助张经理完成上述工作。

任务分析

主要理解什么是运输成本及运输成本的分类，并分析在哪些方面可以降低运输成本。

学习目标

1. 了解运输成本的含义；
2. 掌握运输成本的分类。

任务操作

一、成本

1. 成本的含义

成本是企业为生产商品和提供劳务等所耗费的物化劳动、活劳动中必要劳动的价值的货币表现，是商品价值的重要组成部分。它具有以下几个方面的含义：

(1)成本是生产和销售一定种类与数量产品，以耗费资源用货币计量的经济价值。企业进行产品生产需要消耗生产资料和劳动力，这些消耗在成本中用货币计量，就表现为材料费用、折旧费用、工资费用等。企业的经营活动不仅包括生产，也包括销售，因此在销售活动中所发生的费用，应计入成本；为了管理生产所发生的费用，也应计入成本。同时，为了管理生产经营活动所发生的费用也具有形成成本的性质。

(2)成本是为取得物质资源所需付出的经济价值。企业为进行生产经营活动，购置各种生产资料或采购商品而支付的价款和费用，就是购置成本或采购成本。随着生产经营活动不断进行，这些成本就转化为生产成本和销售成本。

(3)成本是为达到一定目的而付出或应付出资源的价值牺牲,它可用货币单位加以计量。

(4)成本是为达到一种目的而放弃另一种目的所牺牲的经济价值。

2.成本的作用

对成本含义的不同理解,使得成本在经济活动中有着重要的作用,具体有以下五个方面:

(1)成本是补偿生产耗费的尺度。企业为了保证再生产的不断进行,必须对生产耗费,即资金耗费进行补偿。企业是自负盈亏的商品生产者和经营者,其生产耗费必须用自身的生产成果,即销售收入来补偿,维持企业再生产按原有规模进行。而成本就是衡量这一补偿份额大小的尺度。

(2)成本是制定产品价格的基础。产品价格是产品价值的货币表现。但在现阶段,人们还不能直接地准确计算产品的价值,而只能计算成本。成本作为构成价值的主要组成部分,其高低能反映产品价值量的大小,因而产品的生产成本成为制定产品价格的重要基础。也正是如此,需要正确地计算成本,只有这样才能使价格最大限度地反映社会必要劳动的消耗水平,从而接近价值。当然,产品的定价是一项复杂的工作,还应考虑其他因素,如国家的价格政策及其他经济政策法令、产品在市场上的供求关系及市场竞争的态势等。

(3)成本是计算企业盈亏的依据。企业只有当其收入超出其为取得收入而发生的支出时,才有盈利。成本也是划分生产经营耗费和企业纯收入的依据。因为成本规定了产品出售价格的最低经济界限,在一定的销售收入中,成本所占比例越低,企业的纯收入就越多。

(4)成本是企业进行决策的依据。企业要努力提高其在市场上的竞争能力和经济效益,首先必须进行正确可行的生产经营决策,而成本就是其中十分重要的一项因素。成本作为价格的主要组成部分,其高低是决定企业有无竞争能力的关键。因为在市场经济条件下,市场竞争在很大程度上就是价格竞争,而价格竞争的实际内容就是成本竞争。企业只有努力降低成本,才能使自己的产品在市场上具有较强的竞争能力。

(5)成本是综合反映企业工作业绩的重要指标。企业经营管理中各方面工作的业绩,都可以直接或间接地在成本上反映出来,如产品设计好坏、生产工艺合理程度、产品质量高低、费用开支大小、产品产量增减以及各部门各环节的工作衔接协调状况等。正因如此,可以通过对成本的预测、决策、计划、控制、计算、分析和考核等促使企业加强经济核算,努力改善管理,不断降低成本,提高经济效益。

二、运输成本

运输成本是物流运输企业进行运输生产活动所发生的各项耗费的货币表现。它包括运输费和企业管理费两大部分。运输费是指利用运输工具从事运输工作所发生的费用,包括员工工资、燃油或电力费、物料费、折旧费、维修基金提成、港站费、事故损失和其他费用。企业管理费是运输企业为管理和组织运输生产所发生的各项管理和业务费用。运输成本是运输企业计算盈亏的基础,为运输企业制定合理的运价提供依据,是考核运输企业经济效益的重要指标,是反映运输企业生产经营管理水平高低的经济指标。

想一想

物流企业的运输成本包括哪些费用?
答:

任务单 7-1-1　进一步深入理解运输成本的重要意义

任务描述:请根据运输成本的定义,分析运输成本的重要意义。	
运输成本的定义	
意义	
学号: 姓名:	时间:　　年　　月　　日

三、运输成本的分类

根据分析个体的不同,可以用多种不同的方法来考察运输的支出。运输成本可以按客户、生产线、渠道类型、运输商、方向(进货与发货)等分类。发运量、运输的重量、距离以及出发地和目的地不同,成本相应地变化。成本和服务还会随着所选择的运输方式的不同而发生大幅度的变动。

1. 直接成本和间接成本

直接成本和间接成本是按照一项费用是否直接与运输过程有关来区分的。

(1)直接成本　直接成本是指可直接计入运输工具的费用,它包括除企业管理费及事故损失费以外的所有费用。事故损失费本应属于直接成本,但若某运输工具发生的事故损失直接由该运输工具本身负担，则负担太重，致使成本上升过大，因此，一般在企业内各运输工具中分摊，即使没有发生事故的运输工具也要分摊此项费用。

(2)间接成本　间接成本是指企业管理费及事故损失费。此两项费用均按一定的分摊方法，分摊到每一运输工具的总成本中。企业管理费又可细分为行政费(企业行政部门发生的管理费用)和一般管理费(基层单位发生的营运管理费用)。

任务单 7-1-2　理解运输间接成本

任务描述：收集资料，分析不同性质企业间接成本占总成本的比例。		
企业性质	企业名称	间接成本占总成本比例
外资或合资运输企业		
国有大型货运企业		
中小型专线运输企业		
个体运输经营户		
学号：	姓名：	时间：　　年　　月　　日

2. 变动成本和固定成本

变动成本和固定成本的划分依据是一项费用是否随业务量的变化而变化。

(1)变动成本　变动成本是指运输工具在运行过程中所发生的费用，且此类费用随运距长短、停留的港站数及停留时间、货物种类及运送数量、劳动工资、维修保养费用、燃料消耗而异。因此，变动成本只有在运输工具未投入营运时才有可能避免。例如，货车的燃料费用属于变动成本，如果货车不运行，就没有燃料成本。货车的磨损以及轮胎和引擎部分的成本也是如此。在一般情况下，运输费率至少必须弥补变动成本。

(2)固定成本　固定成本是指为维持运输工具的营运状态支付的费用，此类费用不因运行和停留时间的长短而异，且不受装运量大小的直接影响。对于运输公司来说，固定成本构成中包括端点站、通道、管理人员工资、信息系统和运输工具维修等项费用。固定成本主要表现为固定资产折旧、房屋租金、管理人员工资等。

不管企业的业务量怎么变化，固定成本都是保持不变的。即使一个企业的产量为零，也必须承担固定成本。

3. 联合成本

联合成本是指产品必须按照固定比例进行生产的情形。在运输中，当两种或更多的服务必须以固定比例一起提供时就发生了联合成本。其中的一种服务是另一种服务的副产品。最明显的例子就是回程的情况。例如，当承运人决定将一卡车货物从地点A运往地点B时，意味着这项决定中已经产生了从地点B至地点A的回程运输的联合成本。于是，这种联合成本要么由最初从地点A至地点B的运输费用弥补，要么找一位有回程货物的托运人，以得到弥补。联合成本对运输收费有很大的影响，因为承运人索要的运价中必须包括隐含的联合成本，或者这种回程运输费用由原先的托运人来弥补。

4. 公共成本

公共成本是承运人代表所有的托运人或某个分市场托运人支付的费用。公共成本属于业务整体发生的成本。例如，铁路运输拥有很大的公共成本，因为它们拥有路基、车站和货场等，这些成本对于所有的铁路运输来讲是公共的。又如，一趟运送很多产品的特定行程，其间产生的行程人员和燃料的费用就是所运送的所有物品发生的公共成本。

道路货物运输的公共成本，如端点站或管理部门的费用，具有企业一般管理费用的特征，通常按照活动水平，如装运处理的数目等分摊给托运人来承担。但是，用这种方法来分摊企业一般管理费用有可能发生不正确的成本分配。例如，一个托运人也许在其并没有实际使用递送服务(如该承运人递送的货物并没有卸下来，但视为已用)时，就需要为这种约定支付费用。

任务单 7-1-3　进一步深入理解运输成本的类型

任务描述：运输瓶装水时如何降低以下类型的运输成本。	
直接成本	
间接成本	
固定成本	
变动成本	
联合成本	
公共成本	
学号：	姓名：　　时间：　年　月　日

任务单 7-1-4 统计分析企业的运输成本

任务描述：某企业运输成本如下，试分析哪些是直接成本？哪些是间接成本？哪些是固定成本？哪些是变动成本？	
通行费(25%)	
司机工资(6%)	
保险费(3%)	
修理费(7%)	
燃油费(26%)	
养路费(7%)	
税金(3%)	
折旧费(11%)	
其他(12%)	
学号： 姓名： 时间： 年 月 日	

任务测评

王海很热爱物流这一行业，他知道运输作为现代物流的三大支柱之一的重要性。他想知道运输成本是什么，又是如何分类的，你能帮帮他吗？

1.运输成本是指什么？
2.运输成本分类依据有哪些？
3.承运人代表所有的托运人或某个分市场托运人支付的费用属于什么成本？

4. 运输成本还有哪些其他类型?
5. 王海通过自己的学习,对运输成本有了一定的认识,你觉得他对运输成本的理解对吗? (1)成本是计算企业盈亏的依据。(　　) (2)变动成本只有在运输工具未投入营运时才有可能避免。(　　) (3)直接成本是指可直接计入运输工具的费用,它包括除企业管理费及事故损失费以外的所有费用。(　　) (4)间接成本是指企业管理费及事故损失费。(　　) (5)一个托运人可能在其并没有实际使用递送服务时,却需要支付费用。(　　)

任务 2　运输成本构成及特征

学习导入

美图图书有限公司总部设立在上海,为了满足十一黄金周读者的需求,9 月 25 日从福州购进 10 000 本图书,每本重量为 500 g,这些图书要在 9 月 30 日前运达上海,小李作为新上任的主管,负责这批图书的运输工作,请针对上面给定的情境,选择合适的运输方式,将这批图书以最低的成本准时运达上海。

项目七　任务 2
参考答案

任务分析

主要理解运输成本的构成,能够进行物流运输成本构成分析及物流运输成本的核算。

学习目标

1. 掌握运输成本的构成;
2. 能够分析企业运输成本的构成及特征。

任务操作

运输成本主要包括固定成本、变动成本和管理费用。

一、固定成本

道路运输成本由较高的变动成本和较低的固定成本组成,其中变动成本占 70%左右。固定成本较低的一个重要原因是其主要组成部分只是对公路系统的公共投资,道路运输能够通过增加或减少在运车辆的数量来适应短期内运量的变化,从而降低固定成本。另外,多个承运人可以共享同一个场站(零担运输除外),从而降低固定成本。所以,道路运输的主要成本是和日常运行相关的支出,即可变的燃料费用、工资、车辆维护费用以及高速公路使用费(如燃油税、公路收费、车辆使用税等)。

对零担运输而言,固定成本比整车运输要高,因为运输小规模的货物需要额外的场站费用、管理费用和运转费用(如水电、交通等)。对于整车运输来讲,虽然场站的投资很少,但仍然需要信息系统以提高运营效率。现在的道路运输业中信息系统的应用越来越广泛，比如车载电脑、直达驾驶员的卫星通信以及基于光电扫描仪的条码系统等。许多道路运输公司在车辆数量、劳动力和燃料变化不大的情况下，利用信息系统显著提高了单位车辆每次的载重。

二、变动成本

道路运输变动成本主要可分为端点费用和线路运行费用。

端点费用包括与运量有关的装卸、收货、存货、发货、制单和收费成本，占货运道路运输总成本的15%～25%，这些成本以“元/t”计算。在运量较小时，这些成本随运量变化很快。当运量超过一定规模，随着取货、送货和装卸成本分摊到更大的运量上，端点费用会持续下降，但下降的速度比小批量货物运输时费用下降的速度慢得多。

线路运行费用（相当于车辆营运费用）是在运输线路上产生的费用，是成本支出的大项，构成也较复杂，是成本控制的关键。它是生产过程中的直接费用支出，主要包括工资、燃油费、过路费、维修及材料、车辆折旧、停车费、保险费、车辆检测费、事故费等支出。线路运行费用占总成本的50%～60%，它的两个重要决定性因素是运距和运量。

由于端点费用、线路成本和其他固定开支会分摊到运量上，总的单位运输成本会随运量和运距的增加而降低。

三、管理费用

管理费用是与运输作业直接相关的管理成本。它是运输企业以下的基层分公司、车队、站场为管理和组织运输生产所发生的各项管理和业务费用，如车辆管理费用、车站经费、管理人员差旅费、会议费、广告宣传费、信息处理费等。此项费用按一定的分摊方法，分摊到每一运输工具或业务的总成本中。

想一想

管理费用包括哪些项目？
答：

任务单 7-2-1 进一步深入理解运输成本的构成

任务描述：准确描述运输成本的构成。	
固定成本	
变动成本	

管理费用	
学号： 姓名： 时间： 年 月 日	

任务单 7-2-2 进一步深入理解运输成本的特征

任务描述：准确描述运输成本的特征。	
固定成本	
变动成本	
管理费用	
学号： 姓名： 时间： 年 月 日	

任务单 7-2-3 进一步实现运输成本的节约

任务描述：试找出物流运输中的成本浪费现象，并提出解决对策。	
现象 1 及解决对策	
现象 2 及解决对策	
现象 3 及解决对策	
现象 4 及解决对策	
现象 5 及解决对策	
学号： 姓名： 时间： 年 月 日	

任务测评

小李刚进入一家物流企业工作，领导让他参加物流协会召开的大件运输成本费用座谈会，参会人员要对节约运输成本提出一些建议，但他对运输成本的构成一头雾水。你能帮帮他吗？

1. 大件货物运输成本由哪几个部分构成？
2. 大件货物运输存在哪些导致运输成本高的因素？
3. 此次座谈会召开的意义何在？
4. 请为小李准备一份发言稿。
5. 小李通过学习对运输成本构成有了一定的认识，你觉得他对运输成本的理解对吗？ (1)道路运输能够通过增加或减少在运车辆的数量来适应短期内运量的变化，从而降低固定成本。(　　) (2)道路运输变动成本主要分为端点变动费用和线路运行费用。(　　) (3)线路运行费用的两个重要决定性因素是运距和运量。(　　) (4)管理费用是与运输作业直接相关的管理成本。(　　) (5)会议费、广告宣传费、信息处理费等属于管理费用。(　　)

任务3　运输成本控制

学习导入

运输作业部张经理已经被企业财务管理部门告知近期运输作业成本一直居高不下，有几项费用支出已经超出年初的费用预算额，这种情况再持续下去，将影响本年企业效益目标的实现，要求其彻查整改。于是，张经理召集调度主管和各运输项目主管商议此事，由各主管对各自所负责的业务费用支出情况进行清查分析并提交成本分析及成本控制报告。

项目七　任务3

参考答案

请通过本任务内容的学习，帮助张经理及主管完成上述工作。

任务分析

主要熟知运输成本的影响因素，熟记运输成本控制的原则和方法，能完成运输成本控制报告。

任务目标

1. 了解运输成本的影响因素，以及运输成本有效控制的基本工作内容。

2. 能够提出降低运输成本的方法和措施，能够对运输成本进行有效的控制。

任务操作

一、运输成本的影响因素

运输成本通常受运送距离、载货量、货物密度、运输工具的装载能力、装卸搬运的难易程度、货物的可靠性、运输需求的不平衡性以及运输服务水平等因素的影响。尽管这些因素并不是运费表上的组成部分，但通常会对运输费用产生重要影响。一般来说，上述的顺序也反映了每个因素的重要程度的差异。

1. 运送距离

货物运送距离是影响运输成本的主要因素，因为它直接对劳动、燃料和维修保养等变动成本发生作用。

运输成本和距离的关系如图 7-3-1 所示，它表明了两个方面的内容：第一，成本曲线不是从原点开始的，因为固定成本与距离无关，而与货物的提取和交付活动所产生的固定费用有关；第二，成本曲线是随距离增加而斜率减小的一个函数，这种特征被称为递远递减原则，即随运输距离增加，平均单位运输成本越来越低，使得运输总成本增长速度放慢。单位运输成本降低的主要原因是固定成本和包括装卸等费用在内的场站费用的分摊额随着运距的增加而减少。

2. 载货量

与其他许多物流活动一样，大多数运输活动都存在着规模经济。载货量的大小影响运输成本，也是运输规模经济的一个重要表现。图 7-3-2 说明了单位货物的运输成本随载货量的增加而减少，这是因为提取和交付的固定费用以及行政管理费用可以随载货量的增加而被分摊。但是，这种关系受到运输工具（如卡车）的载重量或载货容积的限制。这种关系对管理部门产生的启示是：小批量货物整合成更大的运量，可以获得规模经济效应。通常来讲，货物越少，单位货物所分摊的固定费用就越多，所以运输公司在制定价格时，都有最低收费标准。

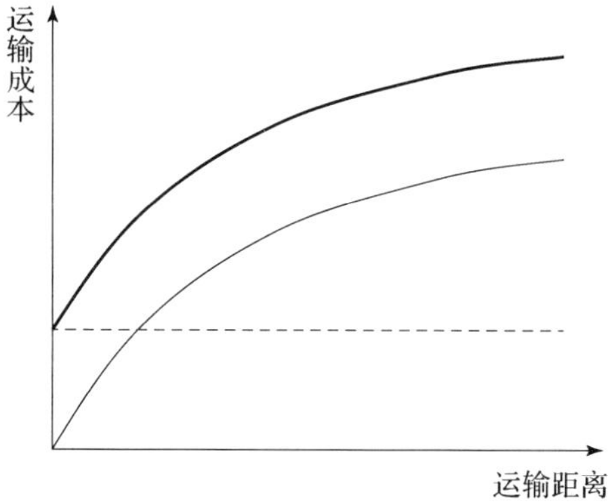

图 7-3-1　运输距离与成本之间的关系

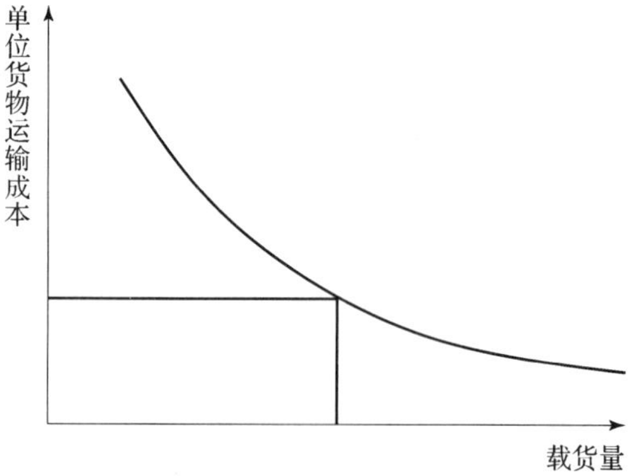

图 7-3-2　载货量与运输成本之间的关系

3. 货物密度

货物密度是把重量和空间两方面结合起来考虑其对运输成本的影响。该因素之所以重要，是因为运输成本通常表示为每单位货物的费用，而在重量和空间方面，运输工具更多地受到空间限制，而不是重量限制。即使所运货物的重量很轻，运输工具一旦满载，也就不可能再增加运量。既然运输工具实际消耗的劳动成本和燃料成本基本不受重量的影响，那么货物的密度越大，单位重量的运输成本就越低。

图 7-3-3 表示了单位货物运输成本随货物密度的增加而下降的关系。在一般情况下，密度小的货物，即轻泡货物运输成本高，但其运价也高。运输人员应尽量设法使运输工具满载，以使既能充分地利用运输工具的容积，又能使运输工具装载更多数量的货物，以降低单位运输成本。

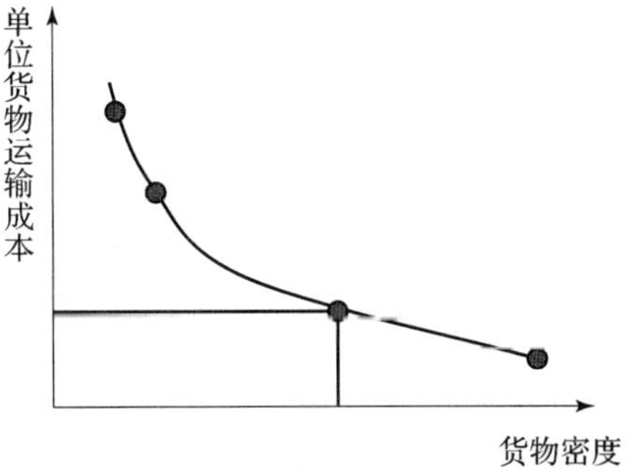

图 7-3-3　货物密度与运输成本的关系

4. 运输工具的装载能力

运输工具的装载能力是指根据运输工具的载重量、装货容积等装载性能，确定某一运输任务所能承运货物的品种和数量。一些货物由于形状特殊以及超重或超长等特征无法进行合理的装载，因此浪费运输工具的容积和载重量。一般来说，标准矩形要比形状特殊的货物更容易装载。例如，钢块与钢条具有相同的密度，但由于钢条的长度和形状，使其装载起来更困难一些。

装载能力还受装运规模的影响，大批量的货物能够相互嵌套、便于装载；而小批量的货物则有可能浪费装载能力。

5. 装卸搬运的难易程度

货物装卸搬运的难易程度也是影响运输成本的因素之一。装卸搬运难度较高的货物，其装卸搬运费用较高，因而运输成本通常也较高。大小或形状一致的货物(纸箱、罐头、筒)搬运费用较低；有些货物需要用专门的装卸搬运设备处理，搬运费用较高。另外，装卸搬运的效率会直接影响运输工具的停时(即停留时间)。停时延长，运输工具的周转率就低，一定时间内所完成的货运量就少。使用的装卸设备的种类及其专业化程度等均会影响运输成本，此外，货物在运输和储存时采用成组方式，如用带子捆扎成组、装箱或装在托盘上成组等，也会影响运输成本。

运输过程中的中转次数也会对运输费用产生影响，应尽量减少货物中转和装卸次数。

6. 货物的可靠性

有些货物具有易损、易腐、易自燃、易自爆、易被偷窃等特性，容易造成损坏和导致索赔事故，进而造成运输成本不必要的增加。图 7-3-4 表示了货物可靠性与运输成本的关系。运输这些货物时除需要特殊的运输工具和运输方式外，承运人购买货物保险是转移风险的最佳选择。承运人可以通过向保险公司投保来预防可能发生的索赔，否则就要承担任何可能发生的损坏赔偿责任。

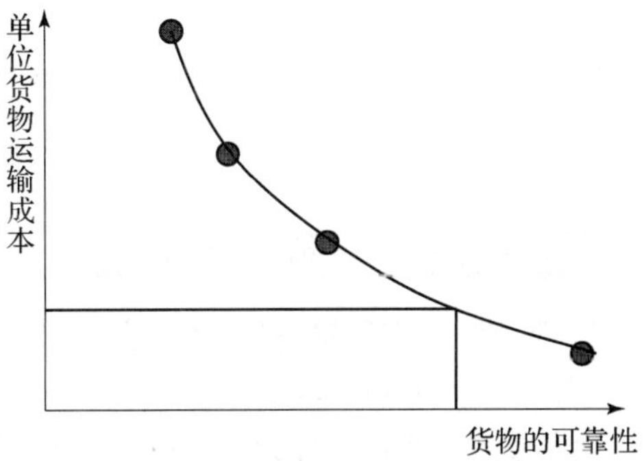

图 7-3-4　货物可靠性与运输成本的关系

7. 运输需求的不平衡性

运输需求的不平衡性主要表现为运输时间的不平衡性和运输方向的不平衡性，这将影响运输企业运力的配备和运输的经济性。尤其是运输方向的不平衡性会造成运输工具空驶,运输成本虽变化不大,但完成的货运量最多只能达到50%。这种不平衡性主要受制造地点与消费地点的需求不平衡和季节的影响,因此需求的方向性和季节性会导致运输费率随之变化。

8.运输服务水平

运输公司提供的服务水平与支持该服务水平所花费的成本是成正比的。服务水平高,投入成本费用就多,如提供加急运输、搬运、仓储、送货上门等服务。制定服务标准时,关键在于找到服务水平与成本之间的平衡。

任务单 7-3-1 准确描述运输成本的影响因素

任务描述:对影响运输成本的因素进行整理。		
产品特征		
运输特征		
市场因素		
学号:	姓名:	时间: 年 月 日

任务单 7-3-2 深入理解运输成本的影响因素

任务描述:分析“尽可能实现大批量运输,避免小批量多批次运输就是提高物流运输效率、节约物流成本”这句话的合理性。		
分析结果		
学号:	姓名:	时间: 年 月 日

二、运输成本控制的原则

合理组织货物运输,减少不必要的开支,保证业务运营的正常进行是货运企业降低运输成本、增加利润的迫切要求。

运输成本控制的目的在于加强运输管理、促进运输合理化。运输是否合理取决于两个方面:一是对客户的服务质量水平;二是运输费用水平。如果只重视降低运输成本,有可能影响对客户的服务质量,这是行不通的。因此,在进行运输成本控制的同时,必须做到服务质量控制与运输成本控制相结合,要正确处理降低运输成本与提高服务质量的关系,从二者的最佳结合上谋求运输效益的提高。

三、运输成本控制的方法

运输成本控制的目的是使总运输成本最低，但又不影响运输的可靠性、安全性、快捷性要求。有研究表明，物料、商品运输成本占物流成本的1/3，甚至2/3，是影响物流成本的重要因素。

运输成本的控制可以采用定量方法，如线性规划法、表上作业法、网络分析法等。运输合理化可以充分利用现有的资源，合理组织运输，使运输距离最短、运输环节最少、运输时间最短和运输费用最省，所以它也是运输成本控制的主要手段。以下简要介绍几种运输成本控制的策略性方法。

1. 选择合理的运输工具

对于不同货物的形状、价格、运输批量、交货日期、到达地点等货物特性，都有与之相对应的运输工具。然而，正如速度快的交通工具运输成本也相对较高一样，运输工具的经济性和迅速性、安全性、便利性之间也会相互制约。所以，在控制运输成本时，必须对运输工具所具有的特性进行综合评价，以便合理选择。

2. 拥有适当数量的车辆

企业拥有车辆过少，发货量多时，会出现车辆不足的现象，要从别处租车。相反，拥有车辆过多，发货量少时，会出现车辆闲置的现象，造成浪费。所以，对运输企业来讲，拥有适当数量的车辆是必要的。

3. 降低装卸搬运成本

降低装卸搬运成本的主要途径有尽量减少装卸搬运次数，选择恰当的作业机械和作业方式，加强装卸搬运作业的安全管理等。

4. 优化运输站点布局

运输网络设置的优化可以从整个运输系统上控制运输成本。例如，通过优化运输站点布局可以实现运输时间最短、运输线路最短，从而达到运输成本最小化。

5. 实施集运策略

集运是利用规模经济来降低运输成本的集中运输策略。当然，组织集运还要考虑可能因此而延迟物流响应时间的负面影响。

6. 推行直运战略

直运即直达运输，就是在组织货物运输的过程中，越过商业物资仓库环节或铁路等交通周转环节直接运达目的地的运输方式。

7. 采用"四就"直拨运输

"四就"直拨运输是指各商业、物资批发企业在组织货物调运的过程中，对当地生产或由外地调达的货物，不运进批发仓库，而是采取直拨的办法，把货物直接分拨给市内基层批发、零售商店或用户，减少一道中间环节，这样可以收到双重的经济效益。其具体做法有就厂直拨、就车站(码头)直拨、就库直拨、就车(船)过载等。

8. 提高车辆技术装载量

充分利用各种运输方式的优势，推进联合运输，实施托盘化运输、集装箱运输、拼装整车运输等，也是运输成本控制的有效策略。

9. 优化运输路线

不合理运输造成运力的浪费，增加不必要的运输成本，而优化运输路线可减少不合理运输，降低运输成本。优化运输路线的方法主要有线性规划法、表上作业法、图表分析作业法、节约里程法等。

想一想

降低运输成本与运输合理化的关系。
答：

任务单 7-3-3 提升节约运输成本意识

任务描述：你认为应如何增强全员的物流成本意识？为什么？		
具体措施		
学号：	姓名：	时间：　　年　　月　　日

任务单 7-3-4 降低运输成本的措施

任务描述：A 企业在物流运营过程中，积极探索降低运输成本的各种方法。在中国，A 企业全部采用公路运输，如何降低货车运输成本，是 A 企业物流管理面临的一个重要问题。为此，他们主要采取了以下措施： (1)A 企业使用一种大货车，有大约 16 m 的加长货柜，比普通集装箱运输车更长、更高，产品从车厢的底部一直装到最高，这样非常有助于节约成本。 (2)A 企业的车辆都是自有的，驾驶员也是公司员工。A 企业的车队大约有 5 000 名非驾驶员员工，还有 3 700 多名驾驶员。在车辆运营过程中，A 企业严格管理运输货车。他们认为，货车不出事故就能节省费用，就能最大限度地降低物流成本。 (3)A 企业采用全球定位系统对车辆进行定位。在任何时候，调度中心都可以知道这些车辆在什么地方、离商店有多远、还需要多长时间才能到达商店。时间估算可以精确到小时。 (4)A 企业的运输成本比供货厂商自己运输产品要低，所以厂商也愿意使用 A 企业的货车来运输货物，从而把产品从工厂直接运送到商场，大大节省了产品流通过程中的仓储成本和转运成本。 思考：A 企业在经营中是从哪些方面降低运输成本的？		
学号：	姓名：	时间：　　年　　月　　日

任务单 7-3-5　体会“降本增效”具象化

<table>
<tr><td colspan="3">任务描述：每单货运输成本下降 20%，深中通道让“降本增效”具象化了。国家重大工程，连接深圳、中山、广州三地的深中通道 2024 年 6 月 30 日开通。自 6 月 30 日开通至 7 月 30 日 15 时，深中通道总计通行车流量达 289.37 万车次，其中客车通行车流量为 266.96 万车次，占比 92.26%；货车通行车流量为 22.41 万车次，占比 7.74%。
随着深中通道的开通，粤港澳大湾区物流降本增效的效应开始显现。有货运平台数据显示，深圳与中山之间的货运运距在深中通道开通后比开通前下降了 15%，每单货物的运输成本降低 20%左右。
某物流有限公司负责人表示，我们的选择会更多，短途的效率提升了，我们可以直接到盐田港，就不需要通过其他港口进行小船的周转。
在城市空中物流网布局方面，随着深中通道开通，深圳机场成为和中山直线距离最近的航空机场之一。深圳机场中山前置仓数据显示，货量短期内呈现较高的增长率，7 月 1～28 日货量环比上月增长近 20%。专家表示，深中通道在短期内大大压缩了车辆通行时间，节省了大量运输成本耗费，将推动粤港澳大湾区物流运输网络的优化提升。
思考：通过以上新闻内容，分析“降本增效”具象化的表现。</td></tr>
<tr><td colspan="3"></td></tr>
<tr><td>学号：</td><td>姓名：</td><td>时间：　　年　　月　　日</td></tr>
</table>

任务测评

小李作为新入职员工，了解到企业非常重视运输成本控制，但他不知道运输成本控制的内容及方法，你能帮帮他吗？

1. 控制运输成本有必要吗？为什么？
2. 运输成本的影响因素有哪些？
3. 运输成本控制的原则是什么？

4.运输成本控制有哪些方法？
5.小李通过自己的学习，对运输成本控制有了一定的认识，你觉得他对运输成本控制的理解对吗？ (1)运输时货量越少，单位货物所分摊的固定费用就越多。(　　) (2)合理组织货物运输，减少不必要的开支，保证业务运营的正常进行是货运企业降低运输成本、增加利润的迫切要求。(　　) (3)运输成本控制的目的是使总的运输成本最低。(　　) (4)降低装卸运输成本的主要途径有尽量减少装卸搬运次数、选择恰当的作业机械和作业方式等。(　　) (5)联合运输、实施托盘化运输、集装箱运输、拼装整车运输等，都是运输成本控制的有效策略。(　　)

项目八 运输运营数字化实训

学习导入

张峰从北京某大学物流专业毕业，入职A公司货运代理业务员岗位，部门主管王辰负责为新入职员工进行岗前培训，指导新员工熟悉运输行业环境、公司基本情况及业务范围。假如你是张峰，请你根据企业基本情况、业务范围等信息，运用所学知识，合理开展工作。

项目分析

本项目以运输模拟经营沙盘为支撑，涵盖运输企业各岗位的业务工作实战场景，包括市场接单、车辆采购分配、成本分析、运输路网规划、发运计划设置等内容，以真实的企业案例、市场背景，辅助训练运营决策能力和运输网络规划能力，培养不同岗位之间的协同运营与团队合作能力。

任务1 运输企业业务流程数字化实训

任务描述

进入《运输传奇2》系统，通过观察和查询，学会应用运输系统，熟悉运输企业业务流程。

1. 调研该运输企业基础信息；
2. 调研该运输企业运输工具信息；
3. 调研该运输企业运输成本构成信息；
4. 调研该运输企业运输网络信息；
5. 分析运输订单并判断是否需要承运。

实训目标

1. 认识运输行业，理解运输与物流其他环节的关系；
2. 能够熟悉运输企业组织架构和岗位职能，掌握运输系统的构成要素。

实训步骤

步骤一：企业基础信息调研

1. 登入《运输传奇2》系统，点击企业名称，查看运输企业基本信息及可承运货物类型。
2. 将企业基本信息填写至表8-1-1的企业信息表中。

表8-1-1 企业信息表

企业名称	北京××物流有限公司
总部设立	天津
总资产/元	7 999 979.00
可运货物类型	冰箱、空调、洗衣机、电视

续表 8-1-1

集散中心数量/个	1
站点数量/个	2
货车总运力/t	18.5
累计完成单量/单	0
累计业务量/t	0
累计服务企业个数/个	0

步骤二:企业运力及运输工具调研

企业运力是承运货物的主要工具,北京××物流有限公司的运力主要包括企业自营运力和承运商运力,不同运载标准的车辆满足不同的货物运输需求。

1. 点击【运力】查看不同类型的运输工具及其相关信息。
2. 在表 8-1-2 运输工具信息表中填入自营运力基本信息。

表 8-1-2 运输工具信息表

运力类型	路线	车型	载重/t	平均车速/(km/h)	百公里油耗/L
货车	天津—北京—天津	9.6 m 厢车	18.5	80	25

3. 点击【承运商】【历史承运商】,查看已签约的历史承运商信息。
4. 在表 8-1-3 中填入签约承运商基本信息。

表 8-1-3 历史承运商信息

承运商名称	运输方式	运输温度	平均行驶速度/(km/h)	每单最低收费/元	合约周期
公路承运商	公路	常温	75	1 000	2023-01-21—2024-01-20

步骤三:企业运输成本构成调研

点击【¥】,查看企业财务明细并确定企业运营的主要支出类型。

步骤四:企业运输网络调研

集散中心、物流站点和运输线路构成了运输网络的主要框架结构。

1. 点击【集散中心】标志后查看集散中心详情,记录已开通的所有集散中心信息。
2. 点击【站点】标志后查看站点详情,记录已开通的所有城市站点信息。
3. 点击【班线】查看已开通的所有车辆线路信息。
4. 记录运输网络信息。

步骤五:分析运输订单并判断是否承运

1. 已知企业当前承运的货物类型,分析订单货物类型信息(表 8-1-4)可知,需要运输的货物分别为冰箱、空调、电视和洗衣机，查两地运输距离表可知起讫点运输距离，填入运输货物分类信息表。

表 8-1-4　运输货物分类信息

订单编号	订单货物	货物类型	起讫点	运输时限	运输重量	运输距离
1	直冷冰箱	冰箱	天津—北京	5 日	3.35 t	152.7 km
2	电视	电视	天津—长沙	3 日	2.4 t	1475.2 km
3	变频空调	空调	天津—北京	1 日	3 t	152.7 km
4	离子洗衣机	洗衣机	北京—上海	1 日	3 t	1 214.3 km

2. 以订单 1 为例进行分析，运输货物为冰箱，企业有承运许可；再由运输距离、运力信息表和运输网络信息表可知，企业已开通天津—北京的运输班线，运输距离为 152.7 km，采用 6.2 m 厢车，运输速度为 85 km/h，可在 1 日内完成货物运输，6.2 m 厢车荷载 9t，满足承载货物运输重量。综上，企业满足订单 1 的运输条件，可承接运单。

同理分析出订单 2、3 属于企业可承接范围外的货物，订单 4 在可承接范围内，但根据目前企业班线、路由情况分析运输距离最短为 1 214.3 km，订单要求在 1 日内送达，班线运力速度为 85 km/h，在时效内货物无法送达，因此不可承接此单。

步骤六：承接订单

1. 点击系统主页面【订单大厅】进入接单页面，承接石家庄—太原订单。

2. 订单承接后可在“待签收订单”页面查看。

任务 2　运输市场与运输价格数字化实训

任务描述

1. 总结运输市场的概念及构成；
2. 以表格形式分别总结运输供给与运输需求的概念及特征；
3. 以表格形式总结常用的定价方式，包括具体方法以及要点；
4. 在《运输传奇 2》系统中投标石家庄—太原的企业订单。

实训目标

1. 通过观察和查询，熟悉运输供给及需求的主要影响因素；
2. 掌握运输价格的概念及特征，熟悉运输企业业务流程并掌握市场运输价格制定规则；
3. 能够总结运输市场定价的主要方法。

实训步骤

步骤一：总结运输市场的概念及构成

学生以组为单位，结合学习的内容，归纳总结运输市场的概念及构成（表 8-2-1）。

表 8-2-1 运输市场的概念及构成

运输	主要内容
概念	运输市场是运输生产者和运输需求者之间进行运输交易的场所和领域，是运输活动的客观反映。狭义的运输市场是指运输承运人提供运输工具和运输服务，以满足旅客或货主对运输需要的交易活动场所及进行运输能力买卖的场所。 广义的运输市场是指一定地区对运输需求和供给的协调与组织，包括一定的交易场所、较大范围的营业区域和各种直观或隐蔽的业务活动。
构成	运输需求者
	运输供给者
	运输中介
	政府

步骤二：总结运输供给与运输需求的概念及特征

学生以组为单位，共同讨论，完成讨论之后，绘制表格：

1. 首先绘制表头，写清楚需要总结的内容。
2. 根据表头，结合学习的内容，完成表格内容细化，如表 8-2-2 所示。

表 8-2-2 运输供给与运输需求

类型	概念	特征	影响因素
运输供给		必须合理储存运输能力；要有合理的运力规模	国家经济发展状况；政策的倾斜方向；运输工具造价与科技发展；军事需要
运输需求		运输需求的派生性；个别需求的差异性；总体需求的规律性	工农业生产的发展水平；国际贸易的增加；国家的经济政策；自然因素；地理因素

步骤三：常用运输定价方式及方法总结

根据实训要求绘制表格，如表 8-2-3 所示。

表 8-2-3 定价方式及其特点

定价方式	具体方法	计算方法	方法特点
成本导向定价法	成本加成定价法	$P=C(1+R)$ 式中： P——单位产品的价格； C——单位产品成本； R——成本加成率	优点：定价简便；减少同行间的竞争与摩擦；卖方的“将本求利”易使买方接受。 缺点：这种定价方法忽略了需求弹性，因而不可能获取最大的利润

续表 8-2-3

定价方式	具体方法	计算方法	方法特点
成本导向定价法	目标利润定价法：根据估计的总销售收入（销售额）和估计的产销量来制定价格的一种方法	(1)确定目标收益率； (2)确定目标利润。 目标利润的计算方式： 目标利润＝总投资额×目标投资利润率 目标利润＝总成本×目标成本利润率 目标利润＝销售收入×目标销售利润率 目标利润＝资金平均占用额×目标资金利润率	
需求导向定价法		(1)确定顾客的认知价值； (2)根据确定的认知价值，决定商品的初始价格； (3)预测商品的销售量； (4)预测目标成本； (5)决策	
竞争导向定价法	随行就市定价法； 倾销定价法； 垄断定价法； 保本定价法； 变动成本定价法； 密封投标定价法； 拍卖定价法	随行就市定价法是一种防御性的定价方法。其有两种实现途径：第一种途径是在完全竞争的环境里，各个企业都无权决定价格，通过对市场的无数次试探，相互之间取得一种默契而将价格保持在一定的水准上。第二种途径是在垄断竞争的市场条件下，某一部门或行业的少数几个大企业首先定价，其他企业参考定价或追随定价。 密封投标定价法是招标人通过引导卖方竞争的方法来寻找最佳合作者的有效途径，主要用于建筑包工、展品设计、政府采购等方面	

步骤四：开通市场，进行投标

在《运输传奇 2》系统中开通“石家庄”“太原”市场，新增“石家庄”“太原”站点。

1. 点击城市“石家庄”，开通站点，同样点击城市“太原”，开通站点。
2. 在企业订单中，找到“石家庄—太原”的订单。
3. 利用公式计算当前企业的定价，并在投标处输入定价。
4. 在待开标处等待开标。

任务 3　编制运输计划数字化实训

任务描述

公司近期与某集团企业签订了运输合同，客户要求将其产品从天津分别运往呼和浩特、太原、上海三个需求地(表 8-3-1)。

公司计划从 4 月 10 日(周一)开始调度一周内的货物订单,为避免白天堵车影响送货时效,公司每日下午 12:30 开始组织装车,18:00 安排去程发车,每 3 h 发出一条班线,考虑安全驾驶和车辆运行条件等因素,规定每名司机 24 h 内驾驶时间不超过 8 h(表 8-3-2)。

业务经理安排张峰进行运输计划的编制,请你帮助他完成这项任务:

1. 确定班线出车次数;

2. 制订班线运行计划;

3. 制订车辆运输计划。

表 8-3-1 周需求量

供货地	需求地	周计划货运量/t	距离/km
天津	呼和浩特	28.8	679
	太原	80	552.3
	上海	95	1073.5

表 8-3-2 自营车辆基本信息

序号	车牌号	司机	车型	平均行驶速度/(km/h)	载重量/t
1	运 85064	张宇	9.6 m 厢车	80	18.5
2	运 44085	武名	12.5 m 半挂车	80	28
3	运 44089	马广东	17.5 m 半挂车	75	35

实训目标

掌握运输计划的制订方法,掌握运输订单的选择技巧并能制订合理的车辆运输计划。

实训步骤

步骤一:企业订单投标

1. 在系统中创建班线"天津—呼和浩特""天津—太原""天津—上海",完成后在主页面点击【订单大厅】,进入大厅后点击【企业订单】勾选"过滤班线符合的订单",出现可满足班线条件的订单。

2. 点击【投标】按钮进入投标页面,输入竞标价格(竞标价格在竞标详情页面有指导价格,投标价格需在竞标价格范围内)点击【投标】,投标完成,可在待开标页面查看竞标订单。

3. 在开标日期后可在中标企业客户页面查看中标订单,流标的订单可在未中标订单中查看。企业订单中标规则:企业订单中标与投标价格和企业综合得分有直接关系,投标价格低者得,企业综合得分高者得,相同时先投先得。

步骤二:确定班线出车次数

由本任务中的周计划货运量和各车辆的载重量,按满载率偏好,可确定各运输班线需要的运输车辆,并进一步确定周出车次数。

1. 天津—呼和浩特的班车路线:周货运量为 28.8 t,运输距离约 679 km。根据满载率偏好,可优先选择 9.6 m 厢车(核载 18.5 t)承接运输任务,该车平均行驶速度为 80 km/h,每周至少需要出车 2 次才能运输所有货物。

2. 天津—太原的班车路线：周货运量为 80 t，运输距离约 552.3 km，根据满载率偏好，选择 12.5 m 半挂车(28 t)承接运输任务，该车平均行驶速度为 80 km/h，每周至少需要出车 3 次才能运输所有货物。

3. 天津—上海的班车路线：周货运量为 95 t，运输距离约 1 073.5 km，根据满载率偏好，选择 17.5 m 厢车(35 t)承接运输任务，该车平均行驶速度为 75 km/h，每周至少需要出车 3 次才能运输所有货物。

综上，制定运输班线出车次数表(表 8-3-3)。

表 8-3-3 班线出车次数

班线	天津—呼和浩特	天津—太原	天津—上海
每周出车次数	2	3	3

步骤三：制订班线运行计划

1. 计算可得班线每趟(来回)运输货物的时间，如表 8-3-4 所示。

表 8-3-4 每趟货物运输时间

班线	距离	平均行驶速度/(km/h)	运输时长(来回)/h	天数(来回)/天
天津—呼和浩特	679	80	18	0.75
天津—太原	552.3	80	14	0.6
天津—上海	1 073.5	75	27	1.1

2. 由表 8-3-3 可知班线车辆周运行次数，由表 8-3-4 可知运行时间，所有货物均可周内发出，因此班线运行计划集中安排在周内。则可进一步制订班线发车周计划(表 8-3-5)。

表 8-3-5 班线发车周计划

班车线路	周一	周二	周三	周四	周五
天津—呼和浩特	01:00		01:00		01:00
天津—太原	21:00	21:00	21:00		
天津—上海	00:00		00:00		00:00

步骤四：制订车辆周内运行作业计划

1. 天津—呼和浩特班线安排为周一、周三、周五由司机张宇驾驶的车牌号为运 85064 的 9.6 m 厢车进行运输。

2. 天津—太原班线安排为周一、周二、周三由司机武名驾驶的车牌号为运 44085 的 17.5 m 半挂车进行运输。

3. 天津—上海班线安排为周一、周三、周五由司机马广东驾驶的车牌号为运 44089 的进行运输。

根据班线运行计划制定车辆运行作业计划，如表 8-3-6 所示。

表 8-3-6　车辆周运行作业计划

班车线路	周一	周二	周三	周四	周五
天津—呼和浩特	18:00 张宇 运 85064		18:00 张宇 运 85064		18:00 张宇 运 85064
天津—太原	21:00 武名 运 44085	21:00 武名 运 44085	21:00 武名 运 44085		
天津—上海	00:00 马广东 运 44089		00:00 马广东 运 44089		00:00 马广东 运 44089

任务 4　运输调度数字化实训

任务描述

根据订单信息，制订运输调度方案，完成订单调度任务。

实训目标

1. 能够运用运输调度的方法，根据订单正确选择运输路线；
2. 能够根据运输调度的基本工作流程，正确制订运输车辆调度方案；
3. 进入《运输传奇 2》系统，验证调度方案可行性。

实训步骤

步骤一：分析现有运输计划及运力情况

1. 任务 3 承接的运输订单计划在 4 月 10 日发出（表 8-4-1），查看“天津—呼和浩特”的车辆运行周计划和车辆状态信息可知，可用运输车辆为张宇驾驶的 9.6 m 厢车。该车信息如表表 8-4-2 所示。

表 8-4-1　天津—呼和浩特车辆运行周计划

班车路线	4 月 10 日周一	4 月 12 日周三	4 月 14 日周五
天津—呼和浩特	18:00 张宇 运 85064	18:00 张宇 运 85064	18:00 张宇 运 85064

表 8-4-2　车辆信息

车牌号	车型	司机	状态	额定载重量/t
运 85064	9.6 m 厢车	张宇	停靠	18.5

2.运 85064 的车辆额定载重量为 18.5 t,实际货物订单 ZB23031903538996 的企业订单拆单货物每次为 14.4 t,可以满足装卸条件。

3.运 44085 的车辆额定载重量为 28 t,实际货物订单 ZB23060872892632 的企业订单拆单货物每次为 50.17 t,不满足装卸条件,需额外调度运 44017 的 12.5 m 半挂车同时运送。同理运 44089 依然需要额外调度运 44804 的运力进行运送。

步骤二:制定运输调度单

为确保行驶路线正确合理,订单按时到达,依据货运中心的发车时间,安排"天津—呼和浩特"运 85064 出发,出发时间为 4 月 10 日 18:00。"天津—太原"运 44085 和运 44107 同时发出,出发时间为 4 月 10 日 21:00。"天津—上海"运 44089 和运 44804 同时发出,出发时间为 4 月 10 日 00:00。制定车辆调度单,见表 8-4-3。

表 8-4-3　2023 年 4 月 10 日车辆调度单

车牌号	司机	始发站	终点站	出发时间	执行任务
运 85064	张宇	天津	呼和浩特	18:00	运送订单 ZB23031903538996 货物 14.4 t
运 44085 运 44107	张宇 李宁	天津	太原	21:00	运送订单 ZB23060872892632 货物 50.17 t
运 44089 运 44804	马广东 王森	天津	上海	00:00	运送订单 ZB23052208361542 货物 45.45 t

步骤三:验证调度方案

打开《运输传奇 2》系统,进行以下操作:

1. 按照步骤二中的运力调配方式将运力合理分配到相应班线下。

2. 点击【调度】,按照步骤二中表 8-4-2 及表 8-4-3,选择订单,点击【自动调度】,点击【提交】,生成发运计划,显示在屏幕右侧,可查看调度信息。

3. 返回主页面,点击【查看调度车辆】查看车辆运行轨迹。

4. 货物运输完成,任务结束。

任务 5　分析及优化不合理运输数字化实训

任务描述

张峰经过一段时间的学习,已经对相关业务有了更深入的了解,主管为了考验其能力,将新承接的 1 个运输订单信息交给张峰,由其安排相应的运输工具和线路。表 8-5-1 至表 8-5-3 是承接的运单信息、公司的运输车辆信息及张峰编制的运输方案,主管发现这份方案有些不合理的地方,请你帮助张峰进行修改。

表 8-5-1　运输通知单

订单编号	ZB23082557446532
客户	北京格力电器有限公司
发货人	葛小利
发货人电话	1312 **** 789
发货地址	北京市亦庄经济开发区荣京东街 1188
收货单位	呼和浩特格里专卖
收货人	张慧
收货人电话	1512 **** 789
收货地址	内蒙古自治区呼和浩特市新城区如意河市街道
要求发运日期	2023-3-29
要求收货日期	2023-4-1
商品品类	冰箱
件数	100
重量/t	28.8
体积/m^3	100

表 8-5-2　运输车辆信息

序号	车辆型号	载重/t	体积/m^3	速度/(km/h)	类型
1	4.2 m 厢车	3	12	85	普通
2	6.2 m 厢车	5	30	85	普通
3	9.6 m 厢车	25	60	80	普通
4	12.5 m 半挂车	28	80	80	普通
5	16 m 半挂车	30	96	75	普通
6	17.5 m 半挂车	35	110	75	普通

表 8-5-3　运输计划

运输车辆	起始城市	预计出发时间	途经城市	到达城市	预计到达时间	承运订单编号
4.2 m 厢车	北京市	2023-3-29	/	呼和浩特	2023-4-1	ZB23082557446532

实训目标

进入《运输传奇 2》系统中，查看张峰编制的运输方案，并分析其合理性，在系统中做出合理的改善。

1. 能够分析运输方案的合理性。

2. 能够根据不同运输方式的特点组织合理的运输，设计运输方案并调整运输计划。

实训步骤

步骤一：分析现有运输方案的合理性

登录系统，承接"上海—济南""郑州—天津""北京—天津"订单，点击【调度】，查看运输调度方案，并分析现有运输方案存在的问题及其原因。

步骤二：优化运输方案

1. 进入班线，点击【班线设置】修改运输队伍中的运力信息，将 4.2 m 厢车删除，添加 9.6 m 厢车，点击【保存】。进入调度中心，勾选订单，点击【手动调度】或【自动调度】选择运力，点击【提交】，等待运输完成，获得运费。

2. 进入调度中心，勾选订单，点击【手动调度】或【自动调度】选择运力，点击【提交】，等待运输完成，获得运费。

任务 6　整车货物运输数字化实训

任务描述

2023 年 5 月 2 日，A 公司的部门主管李琦收到北京未来电器有限公司发送的托运邮件，并发到每个人手中：

进行介绍后，主管要求张峰等合作完成这批整车货物运输业务的受理和组织工作。因公司其他运输业务正在同步进行，目前空闲运力见表 8-6-1 张峰等应该如何完成这项任务呢？

表 8-6-1　空闲运力情况

运输线路	车辆类型	载重量	百公里油耗/L	时速/km	运输距离/km	通行费/元
北京—石家庄	9.6 m 厢车	18.5t	25	80	277.3	346.6

实训目标

了解整车货物运输的相关概念、受理方法、作业流程，认识运输单证，学会计算整车运输货物的运费，能够根据运输通知单信息组织整车运输任务。

实训步骤

步骤一：任务准备

整体托运货物为 18 t，按照整车运输的受理方法、作业流程及单证填写要求，模拟整车货物运输的组织过程，分配角色如表 8-6-2 所示。

表 8-6-2　分配角色

参考角色	参考人数
业务员	1
托运人	1

两个学生为一组，其中一人扮演货运代理公司的业务员，另一人扮演货物托运人。根据运输通知单(图 8-6-1)，每个小组分别制作货物托运单和提货单，并正确填写运单上面的信息。完成运单制作后，模拟公路运输单据的流转，并且其中一人记录下运单流转的路线。最后，每个小组分别上台展示本组的托运单和提货单，阐述运单的流转过程和路线，教师负责评分。

运输通知单

To：A 公司

我司有一批风冷冰箱需从北京工厂发往石家庄，具体信息如下表所示：

序号	商品名称	数量	单位	重量/kg	体积/m^3	到货日期
1	冰箱	10	台	1 670	8	2023.05.07
收货单位	石家庄新兴家电售卖商场					
收货地址	石家庄高新区幸福路 52 号					
联系人	李丽					
电话	1389 **** 521					

急需发运，收到请回复

FROM：北京未来电器有限公司刘希

1328 **** 962

北京市海淀区 22 号

邮编：100000

图 8-6-1　运输通知单

步骤二：分析运输通知单并制定运输计划

根据货物运输通知单可得，需要托运的物品是冰箱 1.67 t，货物以整车运输的方式发出。冰箱为三级普货，总体积为 8 m^3，已知北京—石家庄的距离为 277.3 km。

根据待运输订单的取货地—目的地信息及空闲的运力信息，选择北京—石家庄的班线，其额定载重为 18.5 t，百公里油耗为 25 L，车辆时速为 80 km，则按照公式估算运费为 7.13×277.3×25/100＋0.05×277.3×25＝840.925(元)。(运费＝油费×运输距离×百公里油耗/100＋0.05×公里数×百公里油耗)

步骤三：实施运输方案

打开《运输传奇 2》系统，并进行以下操作：

1. 点击【订单大厅】，接收北京—石家庄的冰箱订单；

2. 点击【调度】，于订单调度中心中选中需要调度的冰箱订单，点击【手动调度】，选择北京—石家庄的线路，选择自营 9.6 m 厢车，点击提交；

3. 发运计划显示在屏幕右侧，调度成功后返回主界面，查看车辆运行信息；

4. 送货成功，获得运费，整车运输任务完成。

任务7　组织零担货物运输数字化实训

任务描述

2023年1月10日，A公司接收到一批运输货物信息，如表8-7-1至表8-7-5所示，公司当前可用于零担运输的运力如表8-7-6所示。业务经理让张峰负责组织最近这批货物的运输，并监督托运受理、运输配送等一系列的运输操作。

张峰应如何合理安排这次公路零担运输？

表8-7-1　客户托运货物记录表（一）

托运客户：北京汇美制业有限公司						
始发站：北京			目的站：天津			
托运人：赵铭						
取货地址：北京市海淀区大钟寺路132号						
联系方式：1579 **** 958			取货时间：2023.01.14，9:00—11:00			
收货单位（联系人）：天津市物美集团有限公司（李静）						
收货地址：天津市湖园经济开发区湖园路69号						
联系方式：010-365 ** 824			收货时间：2023.01.20，18:00前			
货品名称	单位	包装规格（长×宽×高）/mm	数量	单位重量/kg	实际重量/kg	备注
冰箱	台	1 900×800×650	20	104	2 080	

表8-7-2　客户托运货物记录表（二）

托运客户：北京诚德有限公司						
始发站：北京			目的站：石家庄			
托运人：谭晶晶						
取货地址：北京市枫景大道18号						
联系方式：1550 **** 983			取货时间：2023.01.14，12:00前			
收货单位（联系人）：石家庄市有新食品有限公司（金隆）						
收货地址：石家庄市裕华区华纺街28号						
联系方式：1378 **** 523			收货时间：2023.01.21，15:00前			
货品名称	单位	包装规格（长×宽×高）/mm	数量	单位重量/kg	实际重量/kg	备注
冰箱	台	1 900×800×650	20	277	5 540	

表 8-7-3　客户托运货物记录表(三)

托运客户:中国邮政储蓄北京分公司						
始发站:北京			目的站:太原			
托运人:田甜						
取货地址:北京市丰台区北甲地路 2 号院						
联系方式:1305 **** 112			取货时间:2023.01.14,14:00 前			
收货单位(联系人):太原富锦人家物业公司(江滨)						
收货地址:山西省太原市迎泽区桃园南路 31 号						
联系方式:1399 **** 874			收货时间:2023.01.21,18:00 前			
货品名称	单位	包装规格(长×宽×高)/mm	数量	单位重量/kg	实际重量/kg	备注
洗衣机	件	1 440×810×200	20	104	2 080	

表 8-7-4　客户托运货物记录表(四)

托运客户:北京承稳电器有限公司						
始发站:北京			目的站:石家庄			
托运人:张奇安						
取货地址:北京市大兴区天富街 4 号						
联系方式:1305 **** 258			取货时间:2023.01.14,12:00 前			
收货单位(联系人):石家庄佳好家电专卖店(梁骄)						
收货地址:河北省石家庄市西铭路 40 号						
联系方式:1399 **** 862			收货时间:2023.01.21,18:00 前			
货品名称	单位	包装规格(长×宽×高)/mm	数量	单位重量/kg	实际重量/kg	备注
冰箱	件	1 900×800×650	20	257	5 140	

表 8-7-5　客户托运货物记录表(五)

托运客户:北京好用电器有限公司	
始发站:北京	目的站:石家庄
托运人:常伟	
取货地址:北京市朝阳区高力国际家居港一层	
联系方式:1396 **** 201	取货时间:2023.01.14,12:00 前

续表 8-7-5

收货单位(联系人):石家庄视越科技有限公司(周为宜)						
收货地址:石家庄市国创产业园 3 号路 1507						
联系方式:1399 **** 874			收货时间:2023.01.23,18:00 前			
货品名称	单位	包装规格 (长×宽×高)/mm	数量	单位重量/kg	实际重量/kg	备注
洗衣机	台	1 440×810×200	20	226	4 520	

表 8-7-6　车辆信息表

车牌号	车辆类型	数量	额定载重	时速/km	百公里油耗/L	体积/m^3
运 47146	4.2 m 厢车	1 辆	4.5 t	85	12	12
运 47147	4.2 m 厢车	1 辆	4.5 t	85	12	12
运 47148	4.2 m 厢车	1 辆	4.5 t	85	12	12
车 47145	12.5 m 半挂车	1 辆	28 t	80	30	80

实训目标

了解零担货物运输的概念、特点及开办条件，熟悉零担货物运输的货源组织方法、运输车辆组织形式和作业流程，能够按照作业流程组织零担货物运输并实施运输计划，完成零担货物运输。

实训步骤

步骤一:组织零担货物运输计划

1. 组织货源

根据本任务中的客户托运货物记录表，将接收到的托运货物进行分类整理，把相同地点或相同类型的货物归类分析。

2. 托运受理

A 公司的业务受理人员通过预约上门受理为托运人办理托运手续，根据托运人提供的货物相关信息，制作并填写货物托运单，以北京—太原的一条货物托运单为例，托运单见表 8-7-7。

表 8-7-7　汽车零担运输货物托运单

起运站	北京	到达站	太原	托运日期	2023 年 1 月 14 日
托运人	田甜	详细地址	北京市丰台区 北甲地路 2 号	电话	1305 **** 112
收货人	江滨	详细地址	山西省太原市迎泽 区桃园南路 31 号	电话	1399 **** 874

续表 8-7-7

货物名称	单位	数量	单位重量/kg	实际重量/kg
洗衣机	台	15	175	2 625
合计	15 台			2 625
托运人注意事项： 1. 托运单填写一式两份； 2. 托运货物必须包装好，捆扎牢固； 3. 不得瞒报货物名称，否则运输过程中发生的一切损失，均由托运人负责赔偿； 4. 托运货物不得夹带易燃危险物； 5. 以上各栏，由托运人详细填写。				
发运日期	2023.01.14	到达日期	2023.01.15	
验收员	××	托运人	田甜	

3. 验收入库

零担货物入库保管，是物流公司对货物履行运输和保管责任的开始，把好验收关，能有效地杜绝差错，货物进出仓要照单入库或出库，做到以票对票、货票相符、票票不漏。验收入库的具体过程是：核对运单信息→检查包装→估重、量方→贴标签、标志→制作货物运单→开票收费→验收入库。

4. 装车与发运

(1)分析货物订单可知不同线路上需运输的货物信息，如表 8-7-8 所示。

表 8-7-8　承运货物信息表

线路	实际重量	货物类型
北京—太原	2 625 kg=2.625 t	洗衣机
北京—天津	4 775 kg=4.775 t	冰箱
北京—石家庄	5 540 kg+5 140 kg+4 520 kg=15.2 t	冰箱、洗衣机

(2)零担货运班车主要采用直达式、中转式和沿途式三种运行方式，根据货物性质及货物发运目的地选择合适的配载方式及货车运行方式。配载时按照货物配载原则将大而重的、包装结实的放下面，小而轻的放上面，合理装载货物，做到重不压轻、大不压小、木箱不压纸箱。根据选择的运行方式绘制示意图(图 8-7-1 至图 8-7-3)。

(3)以直达式运行方式为例，分别选择合适的运力发运货物。根据运输货物的实际重量，北京—太原班线可选车牌号为运 47146 的 4.2 m 厢车作为运输工具，北京—天津班线可选车牌号为运 47147 的 4.2 m 厢车作为运输工具，北京—石家庄可选车牌号为运 47148 的 4.2 m 厢车作为运力。做好装载准备工作后可进行装车作业。

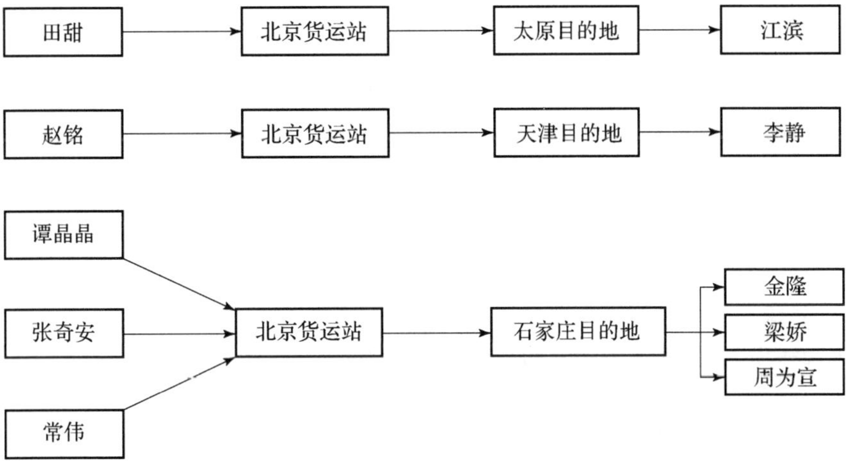

图 8-7-1　直达式运行方式

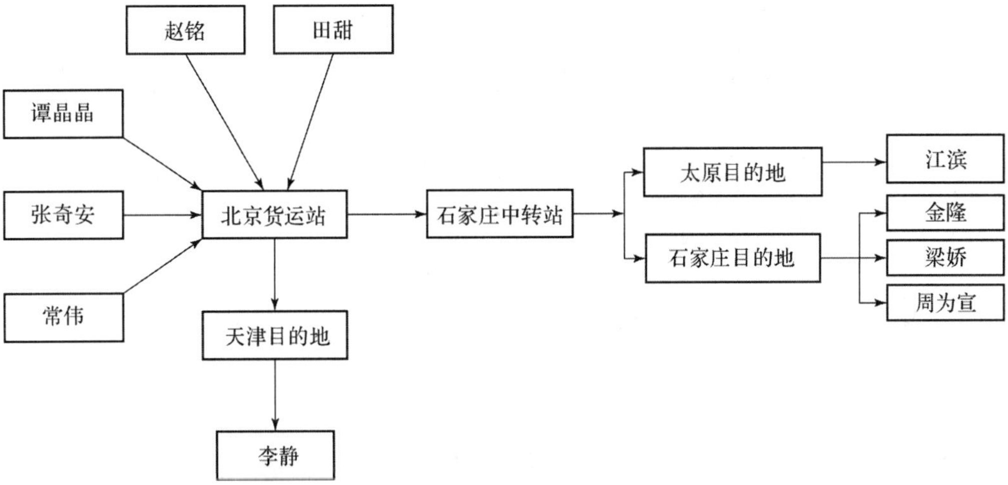

图 8-7-2　中转式运行方式

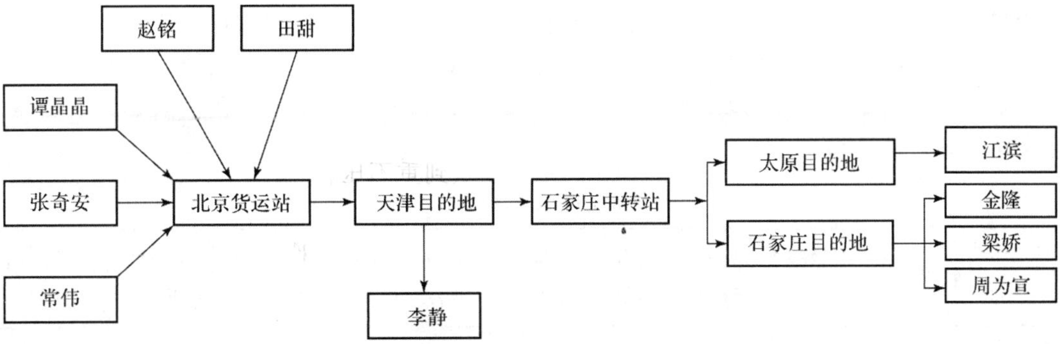

图 8-7-3　沿途式运行方式

5. 到站卸货

到货后由站点工作人员检查车辆及货物的情况，并按单收货，卸车后按货物的属性及收货人的不同等级区分货物入库，并进行暂时保管。货物验收后登记零担货物到货登记表，并按照单据上的信息通知收货人提货。

6. 到货交接

收货人凭货票提货联提取货物，公司收回该票据，并严格按照票据上的信息发放货物，收货人收到货物后，由工作人员计算运费并填写零担货物运费明细表，通知付款人付款。

步骤二：完成零担货物运输作业

以直达式运输为例，完成零担货物运输作业任务。

1. 进入《运输传奇 2》系统，设置零担货运路线。

(1)设置始发站为北京，北京集散中心中转，终点站为太原的路线，北京—北京集散中心去程采取定时发运方式，时间为 8:00，返程装载比例达 70%即可发运，绑定运力为自营的 12.5 m 厢车(车牌号为 47145)，确认后保存。

(2)设置北京集散中心—太原路段，去程采取定时发运方式，时间为 8:00，返程装载比例达 70%即可发运，绑定运力为自营的 4.2 m 厢车(车牌号为 47146)，确认后保存。

2. 进入【订单大厅】—【个人订单】接收北京—太原、北京—天津、北京—石家庄的目标货物订单。

3. 进入【订单调度中心】，分别勾选北京—太原、北京—天津、北京—石家庄的货物订单，选择相应线路和运力后，发运货物。

4. 货物分别到站，运输成功，完成零担货物运输作业。

任务 8　运输成本分析数字化实训

任务描述

A 公司站点遍及全国各大、中、小城市，每个站点都包含多条运输线路，整个网络覆盖全国。北京到长沙线路运输钢材花费约 20 h 才能完成一次运输任务，公司在逐步改善该线路的运输方式(表 8-8-1、表 8-8-2)。2023 年 1 月公司该线路配备了 4 辆车(4.2 m 厢车、6.2 m 厢车、9.6 m 厢车、12.5 m 半挂车)进行当月运输任务，2 月新增了一辆车(16 m 半挂车)进行当月运输任务。3 月为了节约成本又新增了一辆车(17.5 m 半挂车)，进行运输任务。

为了对该线路成本进行优化，4 节省不必要的开支，经过前三个月运营后，经理安排张峰通过前三个月运输成本的分析，确定 4 月该线路运输匹配的最优车辆数量，并提出改善措施。每辆车配备一名司机。

表 8-8-1　中标企业订单

合同编号	货物类型	客户名称	运输线路	合同总重量/t	合同期限	订单频次	合同报价	中标日期	要求送达日期
ZB22122729894824	钢材	长沙罗氏公司	北京—长沙	1 380	90	7 天 1 次	0.7 元/t	2023-1-03	2023-3-28

表 8-8-2　北京到长沙车辆营运成本

车型	百公里耗油/L	日常费用/(元/天)	保险费/(元/年)	维修费/(元/月)	车辆折旧率/(%/年)	油价/(元/L)
4.2 m 厢车	12	3	6 000	1 000	5	8.22
6.2 m 厢车	18	3	6 000	1 000	5	8.22
9.6 m 厢车	25	3	6 000	1 000	5	8.22
12.5 m 半挂车	30	4	6 000	1 000	5	8.22
16 m 半挂车	38	5	6 000	1 000	5	8.22
17.5 m 半挂车	40	5	6 000	1 000	5	8.22

实训目标

掌握各类运输成本的构成、计算方法，在《运输传奇 2》系统中完成 1～3 月的运输经营，对运输成本数据进行统计，完成运输成本分析，对比运输总成本，优化运输车辆数，将计算和分析过程以作业形式提交。(公式：司机工资＝0.05×公里数×百公里油耗；油费＝油价×距离×百公里油耗/100)

实训步骤

步骤一：运营并分析运输成本构成

1. 开启 2023 年 1 月运输调度计划

(1)点击【订单大厅】，查看任务书中【中标企业客户】中合同编号 ZB22122729894824 的钢材订单，根据任务背景运营 1 月北京—长沙的企业订单。

(2)点击【班线】，创建北京—长沙的班线，进行班线设置，在运输队伍中，选择 4 辆自营车辆(4.2 m 厢车、6.2 m 厢车、9.6 m 厢车、12.5 m 半挂车)，去程和回程设为“定时发运 00:00”，然后点击【保存】。

(3)勾选北京—长沙的订单，根据订单频次，点击【自动调度】，生成发运计划，显示在屏幕右侧，查看调度信息(表 8-8-3)。

表 8-8-3　2023 年 1 月的调度计划

创建日期	运输线路	客户名称	货物类型	货物重量/t
2023-1-5	北京—长沙	长沙罗氏公司	钢材	115
2023-1-12	北京—长沙	长沙罗氏公司	钢材	115
2023-1-19	北京—长沙	长沙罗氏公司	钢材	115
2023-1-26	北京—长沙	长沙罗氏公司	钢材	115

2. 开启 2023 年 2 月运输调度计划

(1)点击【订单大厅】，查看【中标企业客户】中合同编号 ZB22122729894824 的钢材订单，继续运营 2 月北京—长沙的企业订单；点击【班线】，在运输队伍中，增加一辆自营车辆（16 m 半挂车），即共 5 辆自营车辆，去程和回程为"定时发运 00:00"，然后点击【保存】。

(2)勾选北京—长沙的订单，根据订单频次，点击【自动调度】，生成发运计划，显示在屏幕右侧，查看调度信息。

表 8-8-4　2023 年 2 月的调度计划

创建日期	运输线路	客户名称	货物类型	货物重量/t
2023-2-2	北京—长沙	长沙罗氏公司	钢材	115
2023-2-9	北京—长沙	长沙罗氏公司	钢材	115
2023-2-16	北京—长沙	长沙罗氏公司	钢材	115
2023-2-23	北京—长沙	长沙罗氏公司	钢材	115

3. 开启 2023 年 3 月运输调度计划

(1)点击【订单大厅】，查看【中标企业客户】中投标合同编号 ZB22122729894824 的钢材订单，继续运营 3 月北京—长沙的企业订单；点击【班线】，在运输队伍中，再增加一辆自营车辆（17.5 m 半挂车），即共 6 辆自营车辆，去程和回程为"定时发运 00:00"，然后点击【保存】。

(2)勾选北京—长沙的订单，根据订单频次，点击【自动调度】，生成发运计划，显示在屏幕右侧，查看调度信息（表 8-8-5）。

表 8-8-5　2023 年 3 月的调度计划

创建日期	运输线路	客户名称	货物类型	货物重量/t
2023-3-2	北京—长沙	长沙罗氏公司	钢材	115
2023-3-9	北京—长沙	长沙罗氏公司	钢材	115
2023-3-16	北京—长沙	长沙罗氏公司	钢材	115
2023-3-23	北京—长沙	长沙罗氏公司	钢材	115

4. 分析运输成本组成

运输计划完成后，点击数据看板【报表】，下载/查看 2022 年 1～3 月北京—长沙钢材的运营数据。张峰分析从北京到长沙的运输成本主要由固定成本、变动成本组成。其中固定成本包括司机工资、折旧费、保险费，日常管理费用；变动成本包括：油费、维修费。

步骤二：分析运输成本的构成细目并核算

1. 2023 年 1 月 4 辆车在运输过程中产生的成本如表 8-8-6 所示。考虑单次运输重量，4 辆车需要 7 次运输可完成本月发运计划，由于班线的运输次序可进行调整，本案例按照最低的成本进行运输优先级排序，依次为：12.5 m 半挂车、9.6 m 厢车、4.2 m 厢车、6.2 m 厢车。

成本计算如下：

司机工资：0.05×1 475.2×2×[(12+18+25+30)+(12+25+30)]=22 423.04(元)

油费：8.22×1 475.2×2×[(12+18+25+30)/100+(12+25+30)/100]=36 863.48(元)

保险费：6 000/12×4＝2 000(元)

管理费：(3＋3＋3＋4)×31＝403(元)

维修费：1 000×4＝4 000(元)

折旧费：400 000×[(1－5%)/1 475.2×2]×7＝3 606.29(元)

表 8-8-6　2023 年 1 月运输过程中产生的成本　元

固定成本		变动成本
司机工资	保险费	油费
22 423.04	2 000	36 863.48
折旧费	管理费	维修费
3 606.29	403	4 000

2. 考虑单次运输重量，5 辆车需要 6 次运输可完成本月发运计划，由于班线的运输次序可进行调整，本案例按照最低的成本进行运输优先级排序，依次为：9.6 m 厢车、12.5 m 半挂车、4.2 m 厢车、6.2 m 厢车、16 m 半挂车(后四个顺序在这里对运输成本没有影响，优先级可自由调整)。

成本计算如下(表 8-8-7)：

司机工资：0.05×1 475.2×2×[(12＋18＋25＋30＋38)＋25]＝21 832.96(元)

油费：8.22×1 475.2×2×[(12＋18＋25＋30＋38)/100＋25/100]＝35 893.39(元)

保险费：6 000/12×5＝2 500(元)

管理费：(3＋3＋3＋4＋5)×28＝504(元)

维修费：1 000×5＝5 000(元)

折旧费：400 000×[(1－5%)/1 475.2×2]×6＝3 091.11(元)

表 8-8-7　2023 年 2 月运输过程中产生的成本　元

固定成本		变动成本
司机工资	保险费	油费
21 832.96	2 500.00	35 893.39
折旧费	管理费	维修费
3 091.11	504	5 000.00

考虑单次运输重量，6 辆车需要 4 次运输可完成本月发运计划，由于班线的运输次序可进行调整，本案例按照最低的成本进行运输优先级排序，依次为：17.5 m 半挂车、16 m 半挂车、12.5 m 半挂车、4.2 m 厢车(在这里对运输成本没有影响，优先级可自由调整)。

成本计算如下(表 8-8-8)：

司机工资：0.05×1 475.2×2×(25＋30＋38＋40)＝19 620.16(元)

油费：8.22×1 475.2×2×(25＋30＋38＋40)/100＝32 255.54(元)

保险费：6 000/12×6＝3 000(元)

管理费：(3+3+3+4+5+5)×31=713(元)

维修费：1 000×6=6 000(元)

折旧费：400 000×[(1−5%)/1 475.2×2]×4=2 060.74(元)

表 8-8-8　2023 年 3 月运输过程中产生的成本　　元

固定成本		变动成本
司机工资	保险费	油费
19 620.16	3 000	32 255.54
折旧费	管理费	维修费
2 060.74	713	4 000

步骤三：对比运输总成本，优化运输车辆数

2023 年 1 月 4 辆车运输总成本为：

22 423.04+2 000+36 863.48+3 606.29+403+4 000=69 295.81(元)

2023 年 2 月 5 辆车运输总成本为：

21 832.96+2 500+35 893.39+3 091.11+504+5 000=68 821.45(元)

2023 年 3 月 6 辆车运输总成本为：

19 620.16+3 000+32 255.54+2 060.74+713+4 000=61 649.44(元)

根据以上分析计算方式，张峰通过差额对比，得出结论，公司从北京到长沙第四个月配备 4 辆车(17.5 m 半挂车、16m 半挂车、12.5 m 半挂车、4.2 m 厢车)完成运输，总成本最低。

此外，张峰对运输成本的优化提出了几点建议：

1. 如果车辆原配车胎为斜胶胎，抓地力强但阻力较大，建议更换为阻力小的子午线轮胎，可以降低燃油成本。

2. 油价不断攀升，从长远发展来看，建议公司使用清洁能源或替代燃料，可以有效降低燃料使用成本。

3. 建议后续对油费、维修费、外包费等项目进行定额管理，与货运车辆有关的费用与价格需要做必要的调整。

参 考 文 献

1. 吕亚军. 公路运输管理实务. 北京：人民邮电出版社，2018.

2. 彭秀兰. 道路运输管理实务. 3 版. 北京：机械工业出版社，2020.

3. 朱强，阎子刚. 物流运输管理实务. 4 版. 北京：高等教育出版社，2006.